Marco Boehm

HORIZONT ATLANTIS

Marco Boehm

HORIZONT ATLANTIS

Familie der Wahrheit

100 FANS

Bibliografische Information der Deutschen Nationalbibliothek:
Die Deutsche Nationalbibliothek verzeichnet diese Publikation in der Deutschen Nationalbibliografie; detaillierte bibliografische Daten sind im Internet über **http://d-nb.de** abrufbar.

Für Fragen und Anregungen:
info@100fans.de

2. Auflage 2017

ein Imprint der Münchner Verlagsgruppe GmbH,
Nymphenburger Straße 86
D-80636 München
Tel.: 089 651285-0
Fax: 089 652096

Umschlaggestaltung: Pamela Machleidt
Umschlagabbildung: Ricardo Reitmeyer/Shutterstock, Holger Klein
Abbildungen im Innenteil: S. 11: Holger Klein, S. 103: Marco Boehm
Satz: Carsten Klein, München
Druck: Books on Demand GmbH, Norderstedt
Printed in Germany

ISBN Print 978-3-95705-016-8
ISBN E-Book (PDF) 978-3-95708-025-7
ISBN E-Book (EPUB, Mobi) 978-3-95708-024-0

INHALT

Dieses Buch wurde mit der Hilfe folgender Fans verwirklicht:

Marc Wehmeyer
Lars Wehmeyer

100 FANS

Für meine Familie.

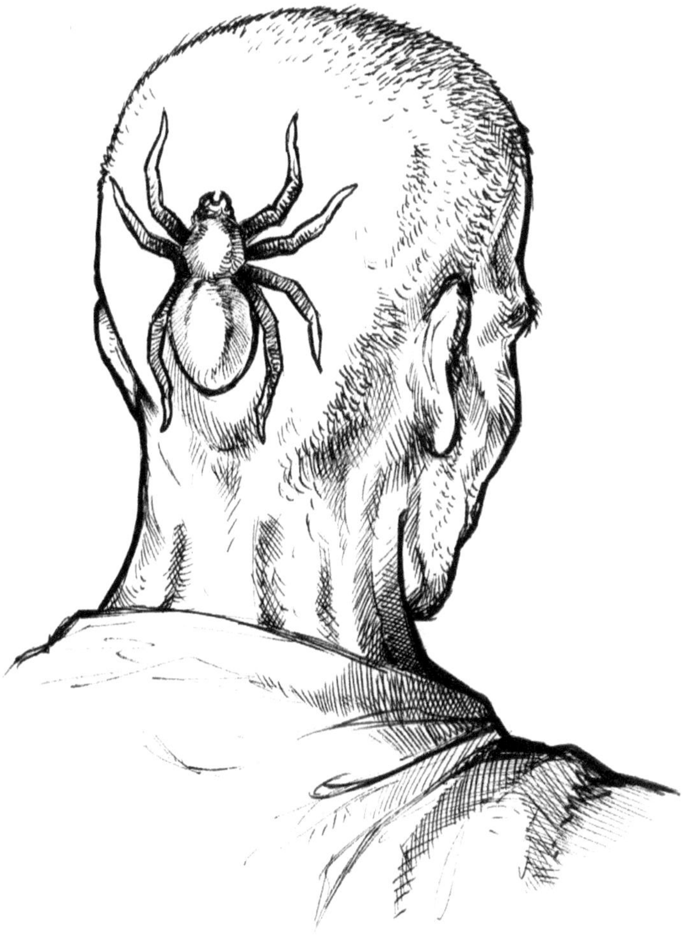

Tracey Mumtaz gewidmet

EIN MONOLOG ÜBER DAS MEER

»Das Meer ist tückisch. Es zerrt an Inseln wie wilde Möwen am Aas. Es zerschmettert die Nichtigkeit der Energie deines Körpers und nimmt sie in sich auf … Du schaust so zweifelnd. Auch ich spüre die Weite und die Kraft – die Unendlichkeit des Meeres. Auch ich denke, ich kann die Brandung in mich aufnehmen, selbst wenn ich sie nur höre. Es bleibt eine Gratwanderung. Wenn du nur *am* Meer bist, dann scheint die See für *dich* in jeder Welle zu sterben. Die feine Gischt pulsiert dir entgegen. Diese verendende Kraft kannst du durch dich strömen lassen. Nur der winzige Rest, der in dir gespeichert wird, genügt, um dich die grenzenlose Macht spüren zu lassen.

Doch denke daran: Das Meer ist perfekt! Es ist lebendig, ohne zu leben. Es erhält sich, indem es vergeht. Es erneuert sich aus der Zerstörung. Ein Wellenschlag kann den Tod der ganzen Menschheit bedeuten, mit vollendeter Präzision. Die See will dir nichts Gutes tun. Du kannst ihrer kalten Hand nur entkommen, wenn du ihren Leib und ihre Seele lesen lernst.

Der Leib des Meeres sind die Tiere, die Pflanzen und das Wasser; die Seele zeigt sich in der Strömung, Dünung, Grundsee und der Farbe.«

EIN MENSCH ERTRINKT

Der Glaube ist rein, doch der Tod ist es nicht. Er spürte einige Fäden Algen, die sich langsam mit dem Meerwasser durch die Luftröhre zogen. Seine Panik war schon erloschen. Das Enkephalin ließ ihn bereits gleichgültig werden. Er nahm sich sogar Zeit für den verwunderten Gedanken, dass bei Ertrinkenden eigentlich kein Wasser in die Lunge gelangt, weil sich die Stimmritzen verkrampfen. Das Kratzen des Salzwassers im Rachen war nur noch seltsam, nicht mehr beklemmend. Letzte Luftblasen perlten träge aus seiner Lunge durch den stehenden Wasserdruck dem Mund entgegen. Seine Stimmbänder verkrampften sich auch jetzt nicht, als die Blasen sie passierten. Träge spülte Flüssigkeit hin und her. Sein ganzer Oberkörper brannte. Kühl quoll kaltes Meerwasser in seinen Magen. Wie nach einem Glas Mineralwasser wollte er nachschlucken. Wieder schoss ihm Wasser durch die Speiseröhre. Der innere Drang, an die Oberfläche zurückkehren zu müssen, war nicht mehr vorhanden. Sein Atemreflex schien wie ausgelöscht. Meerwasser trieb durch seine Bronchien. Ein letztes Mal hatte er das Gefühl, brechen zu müssen, doch der Gegendruck des Wassers war zu stark. Wieder schluckte er eine Woge Meerwasser seine Speiseröhre hinab. Er sah grelle Lichtblitze, die zu großen Farbkreisen anschwollen. Die nahe Brandung fand Resonanz in seinem ganzen Körper. Er spürte sie im Magen, in seiner Lunge und im Kopf. Tief und mächtig nahm sie von ihm Besitz. Das Meer atmete ihn. Das Licht war eine helle, ihn umgebende Sphäre. Er konnte sich entspannen. Er war angekommen. Es wurde still, wie in einem Konzertsaal, kurz bevor der Dirigent die Arme senkt. Sein Geist war eins mit dem Meer und seinen Körper hatte er verlassen. Er war tot.

1. TAG

EIN MORGEN AM MEER MIT EINEM TOTEN

Die Sonne quälte sich langsam, von der Anstrengung tiefrot, über den vom nächtlichen Sturm noch dunstigen Horizont. Der Wind war schlagartig abgeflaut und der Tag versprach kühl und rau, aber sonnig und ehrlich zu werden. Die dunklen Schatten der Dünen legten den gelben Sand in grau-ockerfarbene Töne. Das Meer stand hoch am Strand und die Brandung knurrte dem Morgen entgegen. Eine klare, zum Meer zerfaserte Linie aus Tang, Algen, Muschelschalen und Strandgut deutete die höchste Wasserlinie der vergangenen Nacht an.

So, als wäre es unhöflich, diese zu übersteigen, standen drei Personen in einem lockeren Halbkreis in einigem Abstand um einen undefinierbaren Haufen, der sich mitten im Tang befand. Eine weitere Person, ein hagerer, langer Mann, kam dazu. Bei jedem Schritt schien ihm das Morgenlicht direkt auf den Kopf, sodass es aussah, als würden seine dunkelblonden, leicht rötlichen Haare wie das Funkfeuer eines Leuchtturms blinken. Alles andere lag weiterhin im morgendlichen Schattengrau.

»Morgen die Herren«, sagte der Feuerschopf zu den anderen, die ihm unbewusst einen Platz im Halbkreis schufen, und zog seinen Kopf frierend zwischen die Schultern, womit er das Funkeln im Haar löschte.

»Moin Jürgen«, antwortete man ihm, sowie: »Tag Thorson«, und: »Morgen Herr Kommissar«, und alle Antworten waren wahr.

»Schon was herausgefunden?«

»Nee, wir wollten auf dich warten. Dies hier ist Herr Fischer, der hat die Leiche auf seiner Morgenrunde entdeckt«, sagte Peter Brunwald.

Thorson und Fischer gaben sich unter Kopfnicken flüchtig die Hand. Erst jetzt fiel Thorson der große schwarze Jagdhund auf, der über den Strand lief, um gleich darauf an dem undefinierbaren Etwas zu stoppen und es, wohl zum wiederholten Male, genauer zu beschnüffeln. Dies empfand der Pathologe Harms als einen günstigen Moment, um mit seiner Arbeit zu beginnen.

Er zog sich seine dicken Gummihandschuhe über, wobei er versuchte, die Stille aufzulockern. »Dann will ich mal, bevor der Fiffi sich einen Morgenimbiss genehmigt.« Harms überschritt mit einer ungelenken Bewegung die Tanglinie, wobei die anderen an ihrem etwas abgelegenen Punkt stehen blieben. Nach einigen Schritten beugte er sich wortlos zu dem Algenhaufen hinunter, aus dem zwei Arme und Beine herausragten.

»Wie haben Sie denn den Wassermann hier entdeckt?«, fragte Thorson Herrn Fischer, nachdem sie aus der Entfernung eine Zeit lang wortlos bei der Freilegung der Leiche zugesehen hatten.

»Ich bin heute extra früh aufgestanden, weil ich gehört habe, dass nach Stürmen am besten Bernstein zu finden ist.« Noch während sich der fast kahlköpfige, unsportlich wirkende Mann das Metallgestell seiner viel zu großen Brille wieder auf seinen Nasenrücken schob und sich unsicher räusperte, schaltete sich Brunwald etwas unsanft ins Gespräch ein. »Hier an der Nordsee?«, fragte er und hoffte, mit seinem übertrieben mitleidigen Blick Unterstützung von seinem Kollegen Thorson zu erhalten. Der sah aber gerade aufs Meer hinaus. Brunwald wurde etwas freundlicher: »Da haben Sie höchstens in Dänemark eine kleine Chance, aber hier …« Endlich schien sich sein Kollege doch noch an dem eher einseitigen Gespräch beteiligen zu wollen – jedoch nicht mit der von Brunwald gewünschten Unterstützung. »Lass gut sein, Peter«, dämpfte Thorson Brunwald.

»Wo kommen Sie denn eigentlich her, Herr Fischer?«, fragte Brunwald nun fast sanft nach. »Ich bin aus Weimar, komme schon seit fünf Jahren auf die Insel, seit wir alleine sind, ich und Rexo.« Rexo sprang weiterhin vergnügt über den sonst menschenleeren Strand, so, als gefiele es ihm, morgens angespülte Leichen zu entdecken. »Wie war das genau heute Morgen? Erzählen Sie doch mal, Herr Fischer«, lenkte Thorson das Gespräch wieder auf den Grund ihres Zusammenkommens am Strand zurück. »Ich hatte schlecht geschlafen, weil mein Wohnwagen nicht mehr der Jüngste ist und an allen Ecken und Kanten wie ein Wasserkessel pfeift. Da habe ich mir beim ersten Morgengrauen den Rexo geschnappt und bin los. Gleich nach dem Abgang zum Strand ist der Rexo so unruhig geworden, rannte hin und her und winselte. Tja, dann sah ich das.«

Wie auf ein stilles Zeichen wendeten sich alle drei Beteiligten der nun fast abgeschlossenen Freilegung der Leiche zu. »Sieht noch ganz gut aus, der Junge«, rief der Pathologe Harms zur Gruppe herüber. »Das heißt?«, wollte Thorson wissen. »Das hier ist keine echte Wasserleiche. Der ist ersoffen und wurde gleich danach angespült. Der gärt noch nicht mal.« Harms drückte auf den Brustkorb der Leiche. Wie aus einem artesischen Brunnen quoll quellklares Wasser aus dem Mund und der Nase.

Die männliche Leiche lag dort, mit Algen und Sand überzogen, etwas in den Strand eingespült, wie auf einer Sonnenbank: ganz gestreckt, die Beine eng geschlossen, die Arme nur ein wenig offen, den starren Blick gen Himmel gerichtet. Die matten Augen spiegelten jedoch keine einzige der zerrissenen Wolken wider, die schnell über das Blaugrau dahinzogen. Er lag senkrecht zur Algenlinie. An seinen Füßen, die zum Meer zeigten, hatte sich ein kleiner, nun versiegter Priel gebildet, der zum Meer hin spitz zulief.

»Ich kann hier nicht mehr untersuchen. Muss ihn aufschneiden«, sagte Harms, wobei er sich die Gummihandschuhe mit einem knarrenden Geräusch gefolgt von einem lauten Schnalzen abzog, als er wieder bei den drei Männern angekommen war. Er atmete tief durch, und wie auf sein Kommando stapften zwei weiß bekittelte Personen, scheinbar verwachsen mit einer Trage, über die Dünen. Alle vier Gesprächspartner genossen andächtig einen Augenblick lang das skurrile Bild der durch den Sand stolpernden Sanitäter. »Wieso denn nicht die Jungs vom Bestattungsunternehmen?«, wollte Thorson wissen, worauf Harms lapidar sagte: »Die sind schon unterwegs. Da ich ihn ohnehin noch sezieren …«

»Kann ich mal?«, unterbrach Thorson Harms. Dieser schaltete sofort um und stichelte. »Wenn der Herr Kommissar eine Idee hat, wird alles andere um ihn herum unwichtig.«

Thorson wollte den Satz nicht hören und zeigte mit einer kleinen Handbewegung auf Harms grüne Handschuhe, die er ihm wortlos mit einem Grinsen reichte. Thorson fummelte mal hier, mal dort an der Leiche herum, ohne etwas Ersichtliches zu erreichen. Auch die Inspektion der Umgebung schien erfolglos, dafür hatte die vierbeinige Bahre das Geschehen erreicht. »Wieso latscht ihr den ganzen Weg und kommt nicht runtergefahren?«, sagte Harms laut in einem vorwurfsvollen Ton, als ginge es um seine Berufsehre. Die beiden Träger sahen sich etwas hilflos an, dann überwand der Hintere das Schweigen. »Wir sollten nicht mit dem Geländewagen los, falls was Wichtiges passiert. Und mit dem Transporter können wir hier nicht runter.« Er trat in den Sand, um zu demonstrieren, wie fein der Untergrund war. »Lasst euch doch nicht immer verarschen, Jungs, das müsst ihr lernen!«, fiel Harms nur dazu ein, damit war das Thema abgehakt.

Der Leichenzug verschwand bald vierbeinig stolpernd hinter den Dünen und auch die Gesellschaft löste sich langsam auf.

Harms, Thorson und Brunwald traten gemeinsam den beschwerlichen, sandigen Rückweg an. Herr Fischer ging bernsteinsuchend, mit gesenktem Haupt, weiter die Strandlinie entlang und Rexo schien schon die nächste Leiche zu suchen. »Bernstein, hier auf der Insel«, spottete Brunwald, Fischer über die Schulter hinweg betrachtend, als auch er, als letzter der drei, hinter den Dünen verschwand.

DER STURM VOR DER RUHE

»Die Durchschnittstemperaturen der Wintermonate der letzten Jahre zeigen jährlich neuerliche Wärmerekorde.« Die Stimme aus dem Fernseher berichtete nüchtern, fast gleichgültig, die jüngsten Informationen zu den Wetterkapriolen. Anders als in früheren Jahren, als erst langsam klar geworden war, dass die Klimaveränderungen von der Menschheit verursacht wurden, folgte seit zwei Jahren ein Wetterextrem nach dem anderen, auf der ganzen Welt. Die Initialzündung war der fast zeitgleiche Ausbruch der *Three-Sisters*-Vulkane in Oregon, im Nordwesten der USA. Die Drei Schwestern Faith, Hope und Charity (Glaube, Hoffnung, Barmherzigkeit) gehören zu einem Band aus Vulkanen, das sich parallel zur Pazifikküste durch das Land zieht. Auch die bekannten Vulkane Mount Rainier und Mount St. Helens gehören zu der *Cascade Volcanic Arc*, liegen jedoch ein paar hundert Kilometer weiter nördlich. Scheinbar ohne Vorwarnung explodierten die Drei Schwestern, die sich die letzten zweitausend Jahre ruhig verhalten hatten. Ein Inferno brach los, das die Medien bald *Climageddon* tauften und zum geflügelten Wort für eine bedrohliche, greifbare Klimaveränderung machten.

Sie, Tracey Mumtaz, ihr Mann Christoph und ihre beiden Kinder Dschodsch und Iliana hatten Glück. Sie lebten in Deutschland. Die Klimaauswirkungen waren hier bisher vergleichsweise gering. Doch ihre Eltern lebten in Seattle und das Spektakel spielte sich quasi in ihrem Vorgarten ab. »Die Temperaturen im November waren in Berlin um acht Grad erhöht. Dies hängt noch immer mit dem Ausbruch der ›Schwestern‹ zusammen, durch die sich weiterhin viel Asche in der oberen Atmosphäre befindet. Wie diese Bilder zeigen, sind in vielen Städten Deutschlands die ersten Blätter an den Bäumen zu erkennen, wie sonst im April.« Der Kameraschwenk im Fernsehen führte vom Meteorologen zurück zum Moderator des *Morgenmagazins.* »Dann muss bald das Volkslied umgeschrieben werden: ›Der Dezember ist gekommen, die Bäume schlagen aus‹, und auch ›O Tannenbaum‹ verliert angesichts dieser Bilder an Bedeutung. Also, Weihnachtsmänner, holt die kurzen Hosen raus, bei 17 Grad Celsius wird Heiligabend gebadet.«

Tracey bemerkte, wie starr sie auf den Fernseher sah. Die Stimmen ihrer Kinder kamen erst langsam wieder in ihr Bewusstsein. Sie musste die Augen schließen und unmerklich den Kopf schütteln, um sich von den Gedanken zu lösen, die der Fernsehbericht ausgelöst hatte. Sie setzte wieder ihr Lächeln auf, das ihren Kindern Sicherheit vermitteln sollte. Iliana sah sie an. Sie musste gerade eine Frage gestellt haben und wartete auf die Antwort. »Was meinst du, Lana?«

»Wie schlagen denn Bäume, Mama?«

Mit einem abfälligen Geräusch mischte sich der drei Jahre ältere Dschodsch nun doch ein. »So!«, sagte er und fügte einen sanften, aber abwertenden Klaps auf den Hinterkopf Ilianas an. Die Situation war angespannt. Beide Kinder waren aufgekratzt und befanden sich in heller Vorfreude darüber, das Wochenende bei Christophs Eltern verbringen zu dürfen. Noch bevor Tracey etwas sagen konnte, knuffte die übermütig gewordene kleine Schwester auf ihren Bruder ein. Nach einem kurzen Gerangel hatte Dschodsch seine Schwester im Schwitzkasten. Er war meistens ein recht vernünftiger und umsichtiger Bruder. Iliana boxte weiter und begann dabei, in Dschodschs Unterarm zu schreien. Tracey blieb nur eines. »Kinder, geht schon mal zum Auto, ich komme gleich nach und dann fahren wir zu Oma und Opa.« Wie durch einen Zauber lösten sich die Kinder augenblicklich voneinander und stoben zur Terrassentür. Noch im Wegrennen hörte Tracey Iliana fragen: »Wieso hauen sich Bäume denn?«

Worauf Dschodsch mit einem wissenden Ton erklärte: »Wenn Bäume ausschlagen, heißt das, dass …« Schon waren sie um die Hausecke verschwunden. Tracey atmete kurz durch, zog sich ihren knielangen Rock etwas nach unten und zupfte ein wenig an ihrer Bluse. Sie war ausgesprochen attraktiv. Bei ihr galt tatsächlich, dass sie mit jedem Lebensjahr schöner wurde. Ihre Haut war straff und hatte einen seidig matten, gebräunten Teint. Ihre Hände und ihr Hals ließen ihr Alter von über dreißig Jahren nicht erkennen. Nur ein paar dünne Fältchen um die Augen, vielleicht auch am Mund, wiesen darauf hin, dass sie nicht mehr zwanzig war. Natürlich durften die dunklen Augen und die mit einem Haargummi gebändigte lockige Mähne nicht fehlen. Durch ihr jugendliches Aussehen wirkte der Altersunterschied zu ihrem Mann, der fast zehn Jahre betrug, noch größer, doch das war nie ein ernsthaftes Thema, denn Tracey und Christoph waren füreinander bestimmt und es war Liebe auf den ersten Blick gewesen.

Sie drehte sich von der Küchenzeile weg, durchschritt das Esszimmer und den Flur, um mit schnellem Schritt die Treppe hinaufzusteigen. Ihre hochgewachsene Gestalt ließ genügend Spielraum für lange Beine und das gesamte verfügbare Potenzial schien dafür ausgeschöpft worden zu sein. Oben angekommen, ging sie auf dem schmalen Flur an den beiden Kinderzimmern vorbei und schob die letzte Tür auf der rechten Seite auf. Dahinter kam nur noch das »indische Schlafzimmer«, wie sie es nannten, das Zimmer direkt am Ende des Ganges.

Ihr Mann saß mit dem Rücken zu ihr auf der anderen Zimmerseite. Der große, voll bepackte Schreibtisch, an dem er arbeitete, reichte fast von einer Zimmerseite zur anderen. Das schlauchförmige Zimmer, dessen Enge noch durch zwei wandeinnehmende Bücherregale verstärkt wurde, war karg eingerichtet. Das heißt, eigentlich war gar kein Platz mehr für weitere Möbel. Der fast ungemütliche Eindruck wurde durch einen gefliesten Fußboden noch verstärkt. Diese sachliche Stimmung brauchte Christoph, um ungestört arbeiten zu können. So war es auch im Institut. Dieselbe gedämpfte Atmosphäre seiner Arbeit hatte er schon bis nach Hause geschleppt. Wenn es so war, dann war sie zumindest noch im Arbeitszimmer gefangen.

Tracey ging einige Schritte in den Raum hinein. Heute empfand sie das kühle Gefühl nicht. Das lag wahrscheinlich an dem schönen Tag. Seit langer Zeit war die Sonne nicht bis fast zum Mittag rötlich, sondern warf durch die leicht geklappten Lamellen der Jalousie des großen Fensters ein schräges Lichtmuster auf den mit Blättern und Büchern übersäten Tisch. Sie erreichte die Lehne des ledernen Schreibtischstuhls, die sie mit beiden Händen ergriff, und flüsterte ihrem Mann, während ihre Wange an seinen Haaren lag, ins Ohr. »Ich muss los.«

Christoph, dem jetzt erst ihre Anwesenheit bewusst wurde, drehte sich mit seinem Stuhl um und zog Tracey auf seinen Schoß. »Bleib nicht zu lange weg, sonst vergesse ich, wie schön du bist, und such mir 'ne andere.« Tracey gab ihrem Mann einen Knuff und er ergänzte: »Ich freu mich auf heute Abend.« Tracey, scheinbar zufrieden mit seiner Antwort, gab ihm einen Kuss und machte sich auf den Weg zur Tür. Christoph sagte ihr betont monoton hinterher: »Sag Mama und Papa, dass ich sie vermisse, dass ich bald mal wieder vorbeischaue und dass es mir gut geht … Ach ja, beinahe hätte ich es vergessen …« Nun übertrieb er die monotone Stimme weiter und hörte sich fast wie ein Roboter an. »Ich-lie-be-dich.« Tracey drehte sich schmunzelnd im Türrahmen um, warf ihm eine Kusshand zu und dann verschwand sie.

Christoph wendete sich wieder seiner Arbeit zu und empfand, wie so oft, ein tiefes Stechen in sich. Er war ein treuer Ehemann und Vertrauter, der Tracey nichts verheimlichen wollte. Doch für Freunde, Verwandte und selbst für seine Frau beschränkte sich sein Aufgabengebiet im Friedrich-Loeffler-Institut auf der Insel Riems auf die Forschung auf dem Gebiet der Infektionskrankheiten landwirtschaftlicher Nutztiere. Das verwunderte schon einmal den einen oder anderen Interessierten, da Christoph bis zu seiner Versetzung ein aussichtsreicher Assistenzarzt für Humanmedizin gewesen war. »Gibt es nicht genügend Tiermediziner?«, war eine häufige Frage, worauf er nur kurz antwortete: »Ich arbeite in einem Bereich, der erforscht, ob und wie Infektionen auch für den Menschen gefährlich werden können.«

Das reichte den meisten Fragenden. Vielleicht auch deswegen, weil Christoph unbewusst in einem sehr abweisenden Ton antwortete. Diese Antwort war jedoch weit weniger als die Hälfte der Wahrheit. Ja, er war direkt über das Bundesministerium für Ernährung, Landwirtschaft und Verbraucherschutz angestellt. Jedoch wurde sein gutes Gehalt, wie auch die zahlreichen weiteren Annehmlichkeiten, aus einem anderen Topf bezahlt.

EIN BERICHT

»Ach Leute, ich scheiß auf diese Sommerloch-Homestorys!« Wütend drückte Fritz Gehling die rot beleuchtete Taste, um das Telefongespräch zu unterbrechen. Er bemerkte, dass er wieder viel zu schnell fuhr. Das passierte ihm immer, wenn er aufgebracht telefonierte. Es ärgerte ihn maßlos, welche Art von Aufträgen er zurzeit bekam. Fritz Gehling war freier Journalist. Derzeit war er jedoch mehr oder weniger fest für die lokale Redaktion eines großen privaten Fernsehsenders im Einsatz. Er bekam vom Sender Aufträge, wie zum Beispiel innerhalb einer lächerlich kurzen Zeit irgendwo in Norddeutschland einen Bericht zu drehen.

Durch seine Mediendesigner-Ausbildung und seine Zeit bei kleineren Sendern war er im Umgang mit der Kamera sehr gut vertraut. Eigentlich wollte er längst gut recherchierte Berichte an seriöse Sender verkaufen. Derzeit ging es jedoch meist darum, die »erste Kamera« zu sein, wenn ein Regionalzug mal wieder ein Auto an einem unbeschrankten Bahnübergang mitgerissen hatte. Beliebt waren auch Einzelschicksale bei Wetterereignissen. Die Hausfrau, die durch das *Climageddon* depressiv wurde, da durch den hohen atmosphärischen Staub die Nächte hell und sternenlos waren, die Schlammlawine, die den Familienvater samt Haus und Hof in den Abgrund gerissen oder das Hochwasser, das das vierte Mal in drei Jahren das gesamte Hab und Gut einer Gaststättenbesitzerin vernichtet hatte. Es waren die klassischen Hurra-Unglück-Klatsch-Aufträge, die wegen der schockierenden Bilder und nicht wegen der Qualität der Berichte bezahlt wurden.

Gerade hatte er den Auftrag erhalten, für eine vierminütige Homestory nach Tönning am Rande der Halbinsel Eiderstedt in

Schleswig-Holstein zu fahren. Zusätzlich sollte ein Kamerateam zu ihm stoßen. Er musste sich nur um die Reportage selbst kümmern. Eigentlich war dies eine dankbare Aufgabe, jedoch hielt Fritz Gehling das Thema für »unter aller Kanone«, wie er am Telefon zuvor mehrfach betont hatte. Die Fakten hatte er bereits per E-Mail auf seinem Netbook erhalten und überflogen. »Frau weiß, wann der Weltuntergang sein wird, da sie in Kontakt mit Atlantis steht.« Fritz Gehling sagte diese vermeintliche Schlagzeile laut vor sich hin und rief darauf laut aus: »Was ist das für eine beschissene Scheiße!«

Mit einer Stimme, die in einer Unterhaltung kaum aufgefallen wäre, führte er sein Zwiegespräch mit sich fort. »›Bundeswehr forscht aktiv an biologischen und chemischen Waffen‹ – Das wäre mal eine Überschrift, die mir gefällt. Aber für solchen ernsthaften Journalismus ist ja kein Geld da, sagt mein Chef.« Er verstellte seine Stimme und äffte seinen Chef in Stimmhöhe und Intonation nach. »Außerdem wissen wir ja gar nicht, ob Sie Ergebnisse bringen können«. Nun hatte er wieder seine eigene Stimme zurück. »Scheiße! Na gut, also mal wieder Ufos – ach nein, jetzt geht es um Atlantis. Toll!« Mit hohem Tempo glitt sein maskuliner SUV-Wagen über die Autobahn in Richtung Norden.

EIN ROUTINETELEFONAT

Der Anruf am frühen Nachmittag war reine Routine. Bis auf die Leiche am Morgen und einen der ungewöhnlich klaren Tage, wie es sie nach einem Wintersturm manchmal gab, waren die letzten Stunden Routine gewesen. Doch heute waren alle freundlicher und offener als sonst. Vielleicht lag es daran, dass es endlich einmal wieder ein Dezembertag war, der nicht mit dem Spätnachmittag zu beginnen schien. Trotz des Vulkanstaubs in der Atmosphäre schimmerte der Himmel nicht rötlich.

»Na, irgendwas Neues am Wassermann gefunden, Harms?«, fragte Thorson wenig gespannt in den Hörer. »Nee. Haben Sie denn schon rausgekriegt, wer er ist?«, konterte Harms, da er wohl nichts anderes zu tun hatte. »Er ist ein komplett weißes Blatt. Keine Papiere, keiner vermisst ihn, keine besonderen Merkmale, keine …«

»Moment mal«, unterbrach ihn Harms, »zwei fünfzehn Zentimeter lange alte Narben auf dem Rücken, eine Spinnentätowierung, die fast die ganze Schädeldecke einnimmt, und fehlende Eier sind keine besonderen Merkmale? Ich glaube eher, euer Faxgerät ist mal wieder im Eimer?« Thorson richtete sich in seinem Stuhl etwas auf, um klarer denken zu können. Als eine Art Übersprunghandlung wühlte er die Blätter auf seinem Schreibtisch durch und suchte, ohne wirklich damit zu rechnen, es zu finden, nach besagtem Fax. »Kommen Sie, Harms, das ist doch ein Scherz, oder?«, testete Thorson an, um sicherzugehen, dass er einen Grund hatte, um hektisch zu werden. »Ich hab mich sowieso schon gewundert, wo Sie bleiben. Der Kerl liegt hier auf Eis und ich mache gerade ’nen Kaffee. Schwingen Sie sich ins Auto und kommen Sie rüber.«

»Meinen bitte mit viel Milch, Herr Doktor.«

EIN ALTER MANN UND KEINE LÖSUNG

Christoph Mumtaz saß nun schon seit einer halben Stunde am gleichen Satz seines Berichts über manipulierte Maul- und Klauen-Seuche-Viren. Die Abhandlungen, die er schrieb, enthielten durchaus wichtige Erkenntnisse für die Nutztierhaltung. Jedoch gehörte diese Arbeit nur zum Deckmantel seiner wahren Aufträge. Er war streng geheimer Mitarbeiter des Wehrwissenschaftlichen Instituts für Schutztechnologien, dem sogenannten WIS, in Munster, in der Nähe von Lüneburg. Er selbst war tatsächlich noch nie dort gewesen, er hatte keinen Ansprechpartner und natürlich keinen schriftlichen Vertrag oder Ähnliches. Denn das, was er tat, gab es in Deutschland offiziell gar nicht. Mumtaz arbeitete aktiv an der Entwicklung von biologischen Angriffswaffen. Auch wenn sie als Verteidigungswaffen ausgelegt wurden, war das, was er tat, beileibe keine Biowaffen-Abwehrforschung, die die Bundesregierung seit 1992 scheinbar freizügig offenlegte.

Mumtaz fragte sich immer wieder, wie auch in der letzten halben Stunde, wie er eigentlich in diese Situation geraten war. Wie konnte er es nur zulassen, dass er an biologischen Kampfstoffen arbeitete, die Millionen von Menschen und Tieren qualvoll verenden ließen? Furchtbarerweise konnte er darauf nur antworten: »Mit vollem Wissen und offenen Augen!« Es war keine drei Jahre her, als ihn, den jungen, aufstrebenden Assistenzarzt mit gutem Ruf im Bereich der Immunologie und bereits ersten Veröffentlichungen auf diesem Gebiet, ein älterer Patient ansprach, der sich als emeritierter Medizinprofessor ausgab. Unverfängliche Krankenbettgespräche führten zu angeregten Fachgesprächen auch außerhalb Christophs Arbeitszeiten. Ihn störten auch nicht die durchaus persönlichen Fragen danach, wie sehr er sein Land liebe und seine Frau, was Treue für ihn bedeute oder ob er auch für Ideale töten könne. Doch eines Abends, im leeren Aufenthaltsraum des Krankenhauses, offenbarte ihm der alte Mann ein erschreckendes Geheimnis. Mitten im Gespräch hielt der Mann inne und sprach plötzlich nicht mehr in seinem Plauderton: »Christoph, ich habe mich gerade entschieden. Ich werde heute Nacht sterben. Der wachhabende Arzt wird meinen Totenschein um zwei Uhr dreißig ausstellen. Dann ist der Mann, den du kennengelernt hast, nicht mehr da, für niemanden.«

Christoph Mumtaz wusste nicht, ob das ein Witz sein sollte, aber der alte Mann erklärte sich nicht, vielmehr setzte er fort: »Wenn du aber einen anderen alten Mann kennenlernen möchtest, der genauso aussieht wie ich, das gleiche Fachwissen hat wie ich und an unsere Gespräche anknüpfen kann, dann arbeite für mich. Ich brauche dich als Wissenschaftler, der Ideen und Talent hat. Wenn du das hast und den Mut, mit niemandem, auch nicht deiner Frau, darüber zu reden, dann telefoniere in den nächsten Tagen mit *Asklepios Apollon*.«

Damit stand der Mann auf, klopfte Christoph im Weggehen noch einmal väterlich auf die Schulter und verschwand durch die Tür. Wieso er damals nicht aufgesprungen war und den Mann zur Rede gestellt hatte, konnte er nicht sagen. Vielmehr ging er wie benommen nach Hause, so als hätte er in die Zukunft geschaut, ohne sie verändern zu können. Erst gegen vier Uhr morgens, als er aus einem traumlosen Schlaf hochschreckte, konnte er handeln. Er rief beim Nachtdienst im Krankenhaus an und erkundigte sich nach dem alten Mann. Die Krankenschwester hörte sich verdutzt an: »Doktor Mumtaz, das ist ja komisch. Der Mann hat gegen ein Uhr merkwürdige Krämpfe bekommen. Frau Doktor Alsen konnte sich seinen Zustand nicht erklären. Ungewöhnlicherweise ließ sie ohne weitere Vorkehrungen einen krankenhausfremden Arzt zu, den sie auf Anraten des Mannes konsultierte. Innerhalb kürzester Zeit war der andere Arzt vor Ort. Doch nichts half. Vor anderthalb Stunden ist der Mann verstorben. Seine Leiche ist wegen der ungewöhnlichen Umstände sofort zur Autopsie mitgenommen worden. Sein Zimmer steht unter Quarantäne. Das ist echt eine heiße Nacht heute, Doktor Mumtaz.«

Fassungslos hörte sich Christoph die Schilderung an. Er musste etwas unternehmen. Er sprang auf und zog seine Sachen an. Seine Frau Tracey fragte schlaftrunken, was los sei, doch er antwortete nur kurz: »Notfall in der Klinik!«, und machte sich auf den Weg. Im Krankenhaus stellte Mumtaz die Kollegin Alsen zur Rede. In einem leisen, scharfen Ton fragte er: »Kathrin, was ist los, was ist das für eine dubiose Geschichte?« Müde antwortete sie: »Ach Christoph, soll ich einem alten Medizinprof seinen letzten Wunsch abschlagen, den Arzt seines Vertrauens am Sterbebett zu haben?«

»Ja, aber wieso er und nicht seine Familie?« Das war doch eine berechtigte Frage, fand Mumtaz. Alsen wusste darauf keine Antwort: »Ich weiß es nicht. Vielleicht ist seine Frau schon tot und seine Kinder leben weit weg. Ich weiß es nicht, aber wieso interessiert dich das so brennend? Das ist ja wohl meine Entscheidung.« Ihm wurde klar, dass er nicht jeden beschuldigen konnte, in ein Komplott verwickelt zu sein. »Schon gut, Kathrin. Ich hab ihn irgendwie gemocht. Vielleicht bin ich deshalb so aufgebracht.« Kathrin Alsen strich ihm wortlos über den Arm und verabschiedete sich mit einem mitfühlenden Lächeln. Christoph stand ganz am Anfang seiner Suche nach dem alten Mann, der ihm noch vor wenigen Stunden so merkwürdige Dinge erzählt hatte.

Zwei Personen standen vor dem Quarantänezimmer. »Wo ist der alte Mann?«, wollte Christoph wissen. »Tot«, sagte einer der

Männer ohne Regung. Das machte Christoph sofort rasend, aber er versuchte, ruhig weiter zu fragen: »Und wo findet die Autopsie statt?« Der Mann zog fragend die Schultern hoch: »Im Bernhard-Nocht-Institut?« »Das Institut für Tropenmedizin in Hamburg? Warum sollte er da sein?« Die Antwort fiel wiederum sehr kurz aus: »BSL-4?«

Christoph Mumtaz wusste nicht wohin mit sich selbst. Er stapfte den Gang entlang und die Treppen hinunter, bis er endlich an der frischen Luft war. Seine Gedanken drehten sich, jedoch nicht geordnet, wie in einem Sonnensystem, sondern sie waren völlig wirr. So behinderten sie sich selbst. Er setzte sich auf eine Bank an diesem noch nachtschwarzen Morgen.

Erstens: Die Prophezeiung mit dem Todeszeitpunkt war eingetreten. Zweitens: Die Leiche war nicht mehr da. Das Bernhard-Nocht-Institut war jedoch sicherlich eine falsche Fährte. Das »BSL-4«, das der eine Türsteher so lapidar eingeworfen hatte, stand für »Biosafety Level 4«. Dies war die höchste Sicherheitsstufe, die es für biologische Forschungslaboratorien gab. Auf der Welt waren gerade einmal ein paar Dutzend Labors mit dem Standard eingerichtet. In Deutschland waren es vier: das Tropeninstitut, die Philipps-Universität in Marburg, das Robert-Koch-Institut in Berlin und das Friedrich-Loeffler-Institut auf der Ostseeinsel Riems.

Wäre der alte Mann zur Autopsie in ein BSL-4-Labor gebracht worden, wäre längst das gesamte Krankenhaus weiträumig abgeriegelt gewesen. Außerdem wäre bei einer vermuteten hochgradigen Ansteckungsgefahr die Leiche nicht durch Norddeutschland transportiert worden, sondern sie wäre an Ort und Stelle geblieben. Auch gab es keine bekannte infektiöse Krankheit, die von abends sieben Uhr, als Christoph den alten Mann noch gesehen hatte, bis um zwei Uhr dreißig nachts tödlich verläuft.

Christoph Mumtaz kam nicht weiter. Er trank einen Automatenkaffee und fuhr zurück nach Hause. In seinem Telefonbuchprogramm am Computer gab er den Namen ein: *Asklepios Apollon*. Er probierte verschiedene Schreibweisen aus, suchte speziell nach Ärzten, aber die Suche war nicht von Erfolg gekrönt. »Vielleicht muss ich in Griechenland suchen«, dachte Christoph, »der Name hört sich griechisch an.« Dann endlich löste er sich von dem Gedanken einer realen Person und war sofort auf einer anderen Spur. Die beiden Wörter kannte er als Gottheiten der antiken Sagenwelt, auf die jeder Arzt seinen Eid schwor. *Appollon,* der Gott des Lichts, und *Asklepios,* sein Sohn, der Gott der Heilkünste und heutiger Schutzheiliger der Ärzte. Was sollte er nun mit zwei Gottheiten anfangen? »Telefoniere mit *Asklepios Apollon*«, hatte der alte Mann gesagt. Er war wieder genau an dem Punkt angekommen, an dem er auch schon gewesen war, als er in der Nacht aufgeschreckt war – weit weg von jeglicher Erklärung.

»Er ist etwa fünfunddreißig Jahre alt, hat einige Plomben im Mund, aber nichts Aufsehenerregendes, war körperlich auf den ersten Blick – bis auf eine Besonderheit, zu der ich gleich komme – gesund. Sportlicher Typ, kein Alkoholiker, kein übermäßiger Raucher. Er war kein körperlicher Arbeiter. Seine Hände sind sehr weich und unbenutzt, seine Gelenke gesund. Die Narben auf dem Rücken wurden nie ärztlich behandelt. Die Schnitte dienten zum Öffnen der Körperhöhle. Sehr ungewöhnlich. Sie sitzen an einer anatomisch wenig sinnvollen Stelle und sind viel zu lang für den Eingriff.«

Mit seiner freien Hand versuchte er, die Leiche auf die Seite zu drehen, was nicht gelang. Er musste seinen alten Kaffeebecher abstellen. Beim zweiten Versuch, mit beiden Händen, zeigte er mehr Geschick. Er strich, zur Veranschaulichung, auf den klar sichtbaren Narben entlang, die sich beide von der linken Lendenseite schräg nach oben zogen, bis etwa zur Höhe der ersten Rippe. »Sie sind nie genäht worden. Dafür, muss ich sagen, sind sie äußerst gut verheilt. Die Operation liegt vielleicht ein paar Jahre zurück. Die Schnittführung sieht sehr sauber und glatt aus. Dem Wassermann fehlt die Niere auf der Seite der Narben und ein Stück der Lunge auf der gleichen Seite. Auch hier ist die Vernarbung des umliegenden Gewebes gering und sauber.« Seine eher nachdenkliche Stimme änderte ihre Klangfarbe und wurde wieder schmissig: »Nett ist auch die Tätowierung auf dem Kopf.«

Er ließ die Leiche los und der tote Körper klatschte zurück in seine stabile ursprüngliche Lage. Thorson wusste nicht, ob Harms die Leiche extra etwas lauter hatte zurückfallen lassen, um ihm einen kleinen Schreck einzujagen, oder ob sie von sich aus so gefallen war. Harms schritt um die Ecke der Bahre und zeigte mit einem grinsenden Gesicht auf den kahlen Schädel. Thorson musste die Augenbrauen etwas hochziehen, als er das Meisterwerk sah. Es sah tatsächlich so aus, als säße auf dem Kopf des toten Mannes eine große, dünnbeinige Spinne und sauge ihm genüsslich das Gehirn aus dem Schädel. Thorson war so verblüfft, dass er seinen Oberkörper etwas senkte, um die Tätowierung näher betrachten zu können. »Gute Arbeit, Kommissar, nicht wahr?«, sagte Harms in die Stille hinein. »Schauen Sie mal, wenn man so macht, dann tanzt sie richtig …« Harms zog in rhythmischen Abständen an beiden Ohren des Toten und lachte. Thorson tolerierte die derben Pathologenwitze und grinste anerkennend, was Harms als Reaktion scheinbar reichte. »Hier, ein altehrwürdiges Polaroid von der Spinne.« Harms zog das Foto aus der Brusttasche des Kittels und reichte es Thorson. Auf dem Foto war nur die Spinne auf dem rasierten Kopf zu sehen, der aussah wie ein ovales Passepartout. Nur die Ansätze der Schultern waren sonst noch zu sehen. »Wann steigen Sie endlich auf Digitalfotos um?«, wollte Thorson wissen.

»Wenn ein Polaroid-Film teurer ist als eine ganze Digitalkamera und sich mein Assistent weigert, die Polaroids zur Archivierung zu scannen. So, und nun zur Hauptattraktion des heutigen Tages« – er war zwar wieder ernster, hatte aber immer noch einen Schalk im Nacken –, »der Mann ohne Klöten!« Wieder lachte er laut und hob dabei den Penis des Toten hoch. Plötzlich entschied sich Harms dafür, nun doch etwas ernster zu werden, und sagte sehr sachlich: »Die Kastration ist eventuell nicht aus irgendwelchen medizinisch notwendigen Gründen vorgenommen worden, zumal nicht – wie hier – der ganze Hodensack amputiert wird. Außerdem ist auch diese Narbe nicht, im schulmedizinischen Sinne, fachgerecht verarztet worden. Irgendjemand hat ihm die Eier einfach abgeschnitten und den Sack vernäht.«

»Wer macht denn so was?«, wollte Thorson wissen. »Es war keine frustrierte Ehefrau und ein Mafiading oder so war es auch nicht, denn dann wäre der Gute in einem Krankenhaus gelandet oder verblutet. Dies hier sieht aus wie eine Art zeremonielle Kastration mit anschließender Heilung, denn auch diese Narbe ist wirklich überraschend gut verheilt.«

»Heißt das, Sie glauben, er könnte ein Haremswächter gewesen sein?«

»Tja, Haremswärter im ursprünglichen Sinne wohl nicht, denn den Eunuchen wurden neben den Hoden auch noch der Penis entfernt, um ganz sicherzugehen, dass jedes sexuelle Verlangen unmöglich für sie war. Aber ein Unfall war es sicherlich auch nicht, denn dann hätten Ärzte Hodenprothesen implantiert.«

»Ach, kommen Sie, Harms.«

»Kein Witz, das wird sogar häufig gemacht, zum Beispiel bei Männern mit Hodenkrebs. Aber wussten Sie, dass die Stimme nicht höher wird, wenn man einen Schlag in die Nüsse bekommt oder sauber kastriert wird? Nur wer noch nicht in der Pubertät ist, behält seine kindliche Stimmhöhe, da die Hormone nicht mehr den Kehlkopf verändern. So erhielt man im Mittelalter die Kastraten-Stimmen. Die Kastraten wiederum hatten zum Teil noch eine intakte Libido, sie waren nur zeugungsunfähig. Vielleicht ist es ja irgendeine abstruse Fetischgeschichte.«

Harms nahm sich seinen Becher Kaffee und schlürfte laut an dem nicht mehr schlürfenswert heißen Kaffee. »Wie spät??« Thorson schaute übertrieben auf seinen linken Unterarm, an dem auffälligerweise keine Uhr hing. »Mann, war das spannend, aber jetzt muss ich wirklich gehen.« Mit einem Siegergrinsen drehte sich Thorson in Richtung Ausgang. Beim Weggehen erhielt er noch einen kleinen, freundschaftlichen Fußtritt in den Hintern und den

Hinweis »Ihnen erzähle ich noch mal was …« von Harms mit auf den Weg.

DIE HOMESTORY

»In zweihundert Metern haben Sie Ihr Ziel erreicht.«

»Und das fünfundzwanzig Minuten vor der Zeit«, antwortete Fritz Gehling der Stimme des Navigationsgeräts. Er war ohne größere Staus über den Elbexpress, die neue Elbbrücke, durch Hamburg gekommen und über die A 23 nun direkt in Tönning eingetroffen. Mit einem Satz stand er fest auf der Straße vor dem zweistöckigen Wohnblock. Fritz Gehling ertappte sich dabei, wie er ein unbekanntes Lied vor sich hin pfiff, und unterbrach sich verwundert über sich selbst. Bei Interviewpartnern war er zuckersüß, ohne dass es aufgesetzt wirkte. Vielmehr hatte er die Gabe, aufrichtig zu scheinen. Ansonsten war er sarkastisch und zynisch allem gegenüber. Das Leben hatte ihm eins ausgewischt, nun gab er es dem Leben wieder zurück. Das bezog sich auf alles, was sich von selbst bewegte.

Im selben Moment kam ein Van hinter Fritz zum Stehen. Zwei Männer stiegen aus. »Wird auch Zeit, ich warte schon ewig auf euch.« Unbeeindruckt luden die Kameramänner ihr Equipment aus. »Is' klar, Fritz«, bemühte sich irgendwann einer der beiden zu sagen, ohne seinen Blick vom Koffer vor sich abzuwenden. Ohne ein weiteres Wort stiegen die drei nach dem Klingeln an der Haustür die Stufen hinauf in den zweiten Stock.

Eine etwa sechzigjährige Frau von verblasster Schönheit stand in der geöffneten Tür. Durch die überbräunte, faltig-ledrige Haut konnte man dennoch gut erahnen, dass die große Frau sehr schön gewesen sein musste. Dennoch schien sie auf das falsche Pferd, was die Erhaltung ihrer Schönheit anging, gesetzt zu haben. Mit ihrem viel zu intensiven Make-up und dem großen, billigen Strassschmuck sah sie eher wie eine Puffmutter aus, urteilte Fritz.

»Guten Tag«, sagte er, »Sie sind …« Sie unterbrach ihn mit einer glockenhellen Stimme: »… die Herren vom Fernsehen. Kommen Sie herein.« Sie ging voraus in das Wohnzimmer. Während das Kamerateam fast lautlos die Kamera, den Tonrekorder und das Licht einsatzklar machte, schaute Fritz sich um. »Ein fürchterliches Wohnzimmer mit Nippes und Schnippes«, dachte er, aber er konnte sich eines Gefühls der wohligen Wärme, das ihn wie in einer Badewanne überflutete, nicht erwehren.

»Helga Zirzewangen«, hörte Fritz. Er wurde aus seiner Gefühlswelt gezogen und sah eine ausgestreckte Hand vor sich. »Oh, äh, Fritz Gehling mein Name.« Als ihre Hände sich berührten, überfiel ihn erneut diese Wärme. Ihre Blicke trafen sich ein wenig länger als üblich. Sie sah wissend aus. Wusste sie von seinem Gefühl, das er so noch nie erlebt hatte? Das erste Mal seit langer Zeit fühlte er sich verwundbar, obwohl er sich doch über die Jahre eine so zuverlässige Panzerung aus Kälte und Sprachhülsen aufgebaut hatte. Das letzte Mal, dass er so angreifbar gewesen war, musste in seiner Jugend gewesen sein. Damals, als er von Heim zu Heim und Pflegefamilie zu Pflegefamilie gereicht wurde. Immer riss er aus, klaute, riss alten Damen die Handtasche weg, trank schon mit zwölf und rauchte natürlich, prügelte sich regelmäßig und ließ sich von niemandem etwas sagen. Aber so hart und »unerziehbar«, wie ihn die Mitarbeiter der Jugendämter nannten, war er nicht. Er versuchte damals, vor seinem Leben davonzulaufen, in eine andere Welt. Er wollte sich nur spüren, deshalb all die Querelen. Er suchte nach Liebe und Geborgenheit, doch – verständlicherweise bei seinem Verhalten – stieß er überall auf Ablehnung und Missmut. Das war zumindest eine Form von Aufmerksamkeit.

Im Laufe der Jahre, nachdem er nach seiner Geburt auf einem Schnellstraßenparkplatz ausgesetzt und durch unerklärliche und unglückliche Umstände nie in eine feste Adoptivfamilie vermittelt worden war, schrumpfte die Flamme der Liebe in ihm immer weiter. All diese Gedanken durchflossen ihn wegen dieses kleinen Händedrucks. Er war konsterniert. Zum Glück begann Frau Zirzewangen einen Small Talk.

»Sind Sie über den neuen Elbexpress hierhergekommen?«

»Ja. Ich komme zwar aus Hamburg, war aber gerade noch in Niedersachsen unterwegs. Mit vier Spuren in jede Richtung staut sich da nichts mehr.«

»Fünf Jahre waren wir hier oben fast von der Welt abgeschnitten«, versuchte Frau Zirzewangen das Gespräch am Laufen zu halten. Fritz gab sich etwas mehr Mühe: »Ja, es war immer sehr mühsam hierherzukommen; entweder mit der Fähre über Wischhafen oder durch Hamburg selbst. Aber gegen einen solchen Anschlag im Elbtunnel konnte sich niemand wehren.«

»Die Aktivisten von *People's Force* sind ja auch die radikalsten Urbanisierungs- und Globalisierungsgegner – und mittlerweile auf der ganzen Welt zu finden. Einen mit einer Düngerbombe beladenen Lkw, sich selbst und den Elbtunnel in die Luft zu jagen war ja damals der Beginn der Terrorgruppe. Mir war gleich klar, dass das kein verwirrter Einzeltäter gewesen war. Doch mit den gleichzeitigen Explosionen der Mega-Gastanker ein Jahr später in den drei großen Kanälen der Welt wurde die Organisation zu einer globalen Bedrohung.«

Das war Fritz eindeutig zu politisch-tiefgründig. Er versuchte, das Gespräch mit gern benutzten Allgemeinplätzen zu belegen. Ein Fehler, wie sich zeigte. »Das sind doch alles radikale Islamisten, die ihre Taten nur unter dem Deckmantel der *People's Force* durchgeführt haben.«

Helga Zirzewangen war nun ein wenig in Rage: »Radikale Islamisten? Nur weil es so schön einfach ist, ein altes Feindbild aufrechtzuerhalten, sind es noch lange keine Islamisten. Die *People's Force* geht weiter. Es geht nicht um Glaube, sondern um die Zerstörung der derzeitigen Weltordnung. *Das* ist radikal. Und in dem falschen Spiel pokern alle Regierungen fleißig mit. Oder wie sollen ansonsten solche Planungen von Terroranschlägen unentdeckt geblieben sein? Das hört sich doch komisch an …« Gerade in diesem Augenblick sagte einer der beiden Männer: »So. Wir können …«, womit das gleißende Scheinwerferlicht ansprang. Fritz Gehling war selten so froh über eine Störung durch die Kameramänner gewesen.

»Frau Zirzewangen, Entschuldigung. Wir müssen nun gleich mit dem Interview beginnen. Können wir uns setzen … Meine Informationen sind lediglich, dass Sie ein recht brisantes Wissen haben, mit dem Sie an die Öffentlichkeit gehen möchten. Ich werde dabei einige Initialfragen stellen, auf die Sie gerne ausführlich antworten können. Ich muss Sie jedoch schon jetzt darauf hinweisen, dass wir aus dem Interview einen Bericht von vier Minuten zusammenschneiden. Das ist nicht viel, aber für einen Bericht in einem Nachrichtenmagazin fast ein Monumentalfilm.«

Fritz Gehlings Kurzvortrag wirkte nie heruntergeleiert, obwohl er den Text recht schnell abspulte. Jedoch passten seine sachlichen Worte zur Atmosphäre. Es folgte ein kurzes Räuspern und Fritz war zurück in seinem Element. »Frau Zirzewangen, Atlantis ist für viele Menschen nur eine Parabel, überliefert vom griechischen Philosophen Platon, um die Menschen wachzurütteln aus ihrer eigenen Hochmütigkeit. Viele Jahrhunderte später möchten sie auch wachrütteln, mit Informationen und harten Fakten.«

Fritz Gehling hielt nun das Mikrofon in Richtung Helga Zirzewangen. Mit ihrer glockenklaren Stimme sagte sie ruhig: »Fritz, wie kannst du so blind sein? Deutlicher können wir doch nicht werden. Öffne dich, sonst bist auch du verloren – wie alle anderen. Wir brauchen deine Kraft zum Gelingen.« Sie lächelte mild. Fritz Gehling bemerkte, wie sein Gesicht heiß wurde, er musste nun tiefrot angelaufen sein. Seine Gedanken kreisten um ihn herum, er konnte sie jedoch nicht mehr einfangen. Er hatte öfter mit durchgeknallten Leuten zu tun, das war eigentlich kein Problem für ihn. Doch gerade fand er nicht mehr zurück. »Äh!« Das war alles, was er Lockeres hervorbringen konnte. Helga Zirzewangen stand ohne Hast auf, ging aus dem Zimmer und verließ die Wohnung. Nach einem Moment sprach ihn einer der Kameraleute an: »Fritz, super Interview!« Das grelle Kameralicht ging aus und verdunkelte den Raum wieder. »Hinterher?«, wollte der andere Kameramann wissen. Fritz schüttelte nur leer den Kopf. Die Männer packten ihre Sachen ein und gingen wortlos. Er saß noch einen Moment in dem Sessel, in den er sich zuvor noch wie selbstverständlich gesetzt hatte. Es war kein einziger Gedanke mehr in seinem Kopf. So sehr er versuchte, einen Denkansatz zu finden, so sehr hallte das Nichts in seinem Kopf wider. Irgendwann ging auch er zu seinem Auto.

DIE SIEBENBEINIGE SPINNE

»Schau dir das mal an, Peter.« Thorson gab Brunwald das Polaroid, das er selbst noch einmal ansah, bevor er es ihm endgültig reichte. »Hast du so was schon mal gesehen?«, wollte Thorson wissen. »Ein Polaroid?«, fragte Brunwald. Der genervte Blick Thorsons zeigte, dass gerade nicht der Moment für Kalauer war. »Nö, Jürgen«, gab Brunwald nach einigen Sekunden der Betrachtung wenig beeindruckt an Thorson zurück. »Was heißt hier ›Nö, Jürgen‹? Ist das nicht das verblüffendste Tattoo, das du je gesehen hast?«, fragte er nach. »Warum hat die Spinne denn nur sieben Beine?«, warf Brunwald, einen Schokoriegel essend und noch einmal das Foto betrachtend, ein. Sprachlos schaute Thorson Brunwald ins Gesicht, der es nicht sofort bemerkte. Ohne zu sprechen, schnappte sich Thorson das Polaroid aus den zwei Fingern Brunwalds, die das Foto hielten. »Mann, was bin ich blind. Unglaublich! Die Spinne hat nur sieben Beine, so was fällt doch sofort auf! Jetzt bin ich schon so lange Bulle und darauf spezialisiert, Kleinigkeiten zu erkennen, und was ist? Da seh ich mal 'ne seltene Tätowierung, und schon setzt bei mir das Zählsystem aus.«

»Komm mal wieder runter, Jürgen. So schlimm ist das nun auch nicht, oder verlierst du bei jeder siebenbeinigen Spinne, die du nicht erkennst, tausend Euro?«, scherzte Brunwald mit seinem Kollegen. «Das muss doch irgendetwas zu bedeuten haben, oder? Ist unser Spinnenmann nun ertrunken oder ertrunken worden?«

»Das war eine stürmische Nacht. Vielleicht war er unvorsichtig und schwupp, zog ihn eine große Welle ins Meer, dann ist Schluss mit lustig, besonders wenn du dich nicht mit dem Meer auskennst.«

»Peter, ich hab da so ein Gefühl, dass mehr dahintersteckt, denk doch noch mal nach, ob da nicht doch was Merkwürdiges am Strand war heute Morgen.« Thorson zog seine Stirn kraus und sein Blick war ziemlich weit im Nirgendwo. Brunwald, der nichts von der Theorie seines Kollegen hielt, sagte nur: »Das Einzige, was dir so ein Gefühl macht, ist das Gulasch aus der Kantine von heute Mittag, mehr nicht.«

»Jetzt hör mal auf, Peter«, sagte Thorson ernst, »ich sag so was nicht nur zum Spaß. Wenn du schon nicht mithelfen willst, dann stör wenigstens nicht.«

»Okay, okay.« Es bahnte sich wieder einmal eine dieser Situationen an, in denen es das Beste war, einfach aufzustehen, Kaffee zu holen und Thorson seine Denkerstarre zu lassen, was Brunwald auch unverzüglich tat.

ASKLEPIOS APOLLON

Der Anruf bei seinem Studienfreund im Bernhard-Nocht-Institut bestätigte damals Christoph Mumtaz Vermutung, dass es dort keinen akuten Fall von einem hochansteckenden Virus oder Ähnlichem gab. Genau in diesen Tagen hatte Christoph den Absprung verpasst. Er forschte und suchte nach Antworten, ohne seine Frau miteinzubeziehen. Noch war die Situation überschaubar und erklärbar. Da er jedoch das Gefühl hatte, alles sei nur ein Hirngespinst, wollte er zunächst versuchen, mehr Klarheit in seinen eigenen Kopf zu bringen, bevor er sich anderen, insbesondere seiner Frau, anvertrauen wollte. Natürlich wusste er nicht, dass dies die letzte Situation gewesen wäre, in der er diesen Schritt hätte wagen müssen. Schon am nächsten Tag nahmen die Umstände eine neue Qualität an.

Als das Telefon klingelte, war Christoph gerade auf der Couch eingedöst und wurde aus einem dumpfen Nichts ins Leben zurückgezerrt. Etwas verschlafen meldete er sich: »Mumtaz.«

»Kennen Sie die Götter?«, fragte eine freundliche Stimme. »Was?« Selbst wenn Christoph hellwach gewesen wäre, hätte er mit dieser Frage nichts anfangen können. »Kennen Sie die Götter?«, fragte die Stimme erneut in demselben freundlichen Ton. Nun dämmerte es Christoph. »Meinen Sie *Asklepios* und *Apollon*?«, wollte er wissen.

»Kommen Sie zum Flughafen Sylt nach Tinnum. Morgen, sechzehn Uhr und nehmen Sie sich achtundvierzig Stunden Zeit. Sie haben ein Vorstellungsgespräch für eine gutbezahlte, verantwortungsvolle Stelle.«

»Ein bisschen langsamer, bitte.« Christoph versuchte, das Tempo zu drosseln. »Ich brauche aber gar kein Vorstellungsgespräch. Was hat das alles zu bedeuten? Hallo? HALLO?« Die Stimme am anderen Ende der Leitung hatte das Gespräch schon längst beendet.

Nun war er einen Schritt weiter, jedoch gefiel ihm nicht, dass er nicht das Geringste dazu beigetragen hatte und sich die Situation nur dann vollständig aufklären würde, wenn er sich auf den obskuren Termin einlassen würde – hoffte Christoph zumindest. Christophs Frau Tracey war ein wenig verwundert über das Vorstellungsgespräch und dass er nicht viel dazu zu erzählen hatte. Seine Schicht im Krankenhaus war schnell getauscht, da ihm ein Kollege noch einen Gefallen schuldete. So stand er einen Tag später nach einer kurzen Bahnfahrt über den Hindenburgdamm am kleinen Flughafen vor den Toren Westerlands, als ihn sofort ein unauffälliger Mann ansprach: »Herr Mumtaz. Wir freuen uns, dass Sie sich dazu entschieden haben, zu erscheinen.«

Nur ein paar Minuten später schwebte er in einem kleinen einstrahligen Privatjet über der Insel und passierte einige Minuten später die Stelle, an der er sein Haus vermutete. Die Reise ging komfortabel gen Osten, jedoch blieb das schale Gefühl der Ungewissheit, was das alles zu bedeuten hatte.

DER EIGENE AUFTRAG

›Fritz, wie kannst du so blind sein?‹ – Dieser Satz geisterte Fritz Gehling noch immer im Kopf herum. Es war merkwürdig, wie sehr er sich angesprochen fühlte. Vermutlich lag es an dem Gefühlsausbruch, den er gehabt hatte; so intensiv, als wäre eine lange abgelagerte Sedimentkruste in ihm aufgeplatzt. ›Fritz, wie kannst du so blind sein?‹ – Er musste mehr wissen über diese Frau, die so abstoßend und anziehend zugleich war. Gehling bemühte seinen Laptop und begann zunächst über das Internet ›Helga Zirzewangen‹ zu suchen. Dies brachte ihm jedoch wirklich keine verwertbaren Anhaltspunkte ein. Auch beim weiteren ›Googeln‹ mit dem Zusatz ›Atlantis‹ hinter ihrem Namen waren keine interessanten Einträge zu finden. Nun suchte er nur den Begriff ›Atlantis‹ und bekam hunderttausende von Einträgen. Auch wenn ihn das einige Zeit fesselte, merkte er schnell, dass die Internetquellen durchweg unseriös wirkten. Statt etwas über Zirzewangen herauszufinden, hatte er nun ein weiteres Fass geöffnet. Er wollte mehr über das Thema Atlantis erfahren, aber auf eine althergebrachte Art und Weise, mit Hintergrundinformationen und Fakten. So entschied er sich für den Weg in die Universitätsbibliothek. Er merkte, wie langsam der alte Gehling zurückkam, denn er überlegte, wie er die Informationen, die er sich aneignen wollte, nun doch vermarkten konnte.

»Atlantis – das geheime Wissen der Welt«, sagte er laut vor sich hin und zog dabei seine Hand wie einen Schriftzug vor seinem Gesicht von links nach rechts. »Ach Mist, was für ein Schrott! Ich habe schon zu lange für Privatsender gearbeitet.« Auch wenn er, innerlich wütend, die Idee des reißerischen Berichts verwarf, lag tiefer in ihm der Wunsch, sein Wissen zu teilen, andere zu informieren, auch schon einmal zu belehren und Menschen neue Sichtweisen zu bieten. Das war seine Natur, trotz seiner Gefühlskälte, die er bis zu der Situation im Wohnzimmer von Frau Zirzewangen vor wenigen Stunden eisern durchgehalten hatte, war er jemand, der teilen und dafür Lob ernten wollte. Dies schien er am besten in seinem Beruf als Reporter und Journalist verwirklichen zu können. Vielleicht war er deshalb so gut auf diesem Gebiet. Um jedoch eine Stelle als Redakteur zu bekommen, stand er sich selbst zu sehr im Weg.

Er wurde allgemeinhin kurz und prägnant als ›Arsch‹ oder etwas ausführlicher ›Arschloch‹ beschrieben, wenn über ihn gesprochen wurde. Seine Bekanntschaften waren bis auf wenige Ausnahmen rein geschäftlicher Natur. Er hatte gute Quellen und Informanten, um alles Mögliche in Erfahrung zu bringen, jedoch ließen die sich einträglich bezahlen und mieden privat den Kontakt zu ihm.

Einige Ausnahmen gab es, die Fritz unter ihre Fittiche nahmen. Doch selbst diese Menschen verprellte er häufig. Einer, den er unter normalen Gefühlsumständen als ›Freund‹ oder ›Kumpel‹ bezeichnet hätte, war Peter Brunwald. Er arbeitete als Kriminalpolizist auf der Insel Sylt. Er war genau der richtige Mann, um möglicherweise ein wenig tiefere Einblicke in das Leben von Helga Zirzewangen zu gewähren. Nach kurzem Klingeln meldete sich der Polizist an seinem Diensttelefon: »Brunwald?«

»Peter, Fritz hier, alles klar?«

»Super. Ich will ja nicht gleich gehässig sein, aber warum meldest du dich immer nur bei mir, wenn du etwas willst?«, wollte Peter Brunwald wissen. Fritz antworte darauf in gespielt beleidigtem Ton: »Ich wollte nur hören, wie es dir geht, aber nun habe ich da doch mal eine Frage …«

»Schon klar. Schieß los, der Chef ist sowieso gerade in Denkerstarre.« Fritz Gehling holte tief Luft und erzählte Peter Brunwald die ganze Geschichte. Nach einigen Minuten sagte der: »Nachdem du endlich mal ein bisschen was aus deinem Gefühlsleben preisgegeben hast, bleibt mir gar nichts anderes übrig, als mich strafbar zu machen und Informationen über die Dame zu sammeln. Danke, mein Lieber. Ich melde mich.« Fritz Gehling nahm sich sein Handheld, zog die Tür seiner Altbauwohnung hinter sich ins Schloss und ging fast befreit die vier Stockwerke des Jugendstilwohnhauses hinunter, ganz von seinem eigenen Auftrag eingenommen: Atlantis.

DIE GANZE GESCHICHTE

Der Privatjet setzte sanft auf der kurzen Landebahn auf. Die restliche Reise in einem Luxuswagen verging schnell, jedoch ohne Informationen, Erklärungen oder Hinweise. Christoph Mumtaz war hin und her gerissen. Er fühlte sich wie eine Mischung aus Staatsmann, Geheimagent und Häftling. Es folgte noch eine kurze Überfahrt auf einem Damm, dann schien er endlich am Ziel der Reise angekommen zu sein. Er stand vor einem Haus. Bildlich gesprochen war er jedoch nun erst am Anfang einer neuen Reise. Das wurde ihm bewusst, als ihn eine vertraute Stimme von hinten ansprach. »Schön, Christoph, dass du an ein Leben nach dem Tod glaubst!«

Christoph schleuderte förmlich herum und sah den alten Mann aus dem Krankenhaus vor sich, quicklebendig und mit einem schelmischen Grinsen im Gesicht. Christoph Mumtaz spürte die herzliche Umarmung und das Schulterklopfen, war aber unfähig, sich zu bewegen, geschweige denn eine Emotion zu zeigen. Wie sollte er auch, selbst in ihm gab es keine Regung, überfordert mit der Situation der letzten Sekunden, Stunden, Tage.

Erst einige Zeit später, nach einem oberflächlichen Gespräch, einem Ortswechsel in ein geräumiges Arbeitszimmer und einem Glas Wasser begann der Mann damit, die Situation aufzuklären. »Christoph, gleich vorweg, so wie du mich kennengelernt hast, so bin ich wirklich. Ich habe mich im Krankenhaus selbst gespielt, jedoch bin ich dennoch der Verwirrungsstifter, als den du mich auch kennenlernen musstest. Der gesamte Krankenhausaufenthalt war fingiert. Ich war im Krankenhaus, um mir ein Bild von dir zu machen. Ich musste dich auf Herz und Nieren prüfen, ob du in unser Konzept passt.«

Erleichtert, aber doch sehr skeptisch, begann Christoph Fragen zu stellen: »Wer ist ›uns‹, wer sind Sie und um welches Konzept geht es?« Der alte Mann streckte seine Hand aus, die Christoph gewohnheitsmäßig ergriff, und sagte förmlich: »Heinrich Storz, Leiter der Operation Epiphyten des Bundesministeriums für Ernährung, Landwirtschaft und Verbraucherschutz. Und ich würde mich freuen, wenn wir beim Du bleiben könnten. Wir möchten dich gerne als neuen Mitarbeiter anwerben.«

»Puh, mir ist das alles zu viel. Wo sind wir denn eigentlich.«

»Du bist auf der Insel Riems in der Ostsee. Alle Gebäude gehören zum Friedrich-Loeffler-Institut. Hier werden die Krankheiten aller Tiere ›gesammelt‹, ausgewertet und hoffentlich besiegt. Deshalb die abgelegene Insellage und die BSL-4-Labors, die die größtmögliche Sicherheit vor versehentlichen Krankheitsausbrüchen ermöglicht. Hast du schon einmal etwas von der Insel Riems gehört, Christoph?« Christoph sagte ohne zu zögern: »Natürlich habe ich schon davon gehört. BSE, Vogelgrippe, Hühner-Ebola – immer tauchte das Friedrich-Loeffler-Institut auf. Bei der weltweiten Hühner-Ebola-Pandemie waren die Menschen Träger des Virus, ohne selbst zu erkranken. Dabei hatte das Institut einen Impfschutz entwickelt, der jedoch zu spät kam, sodass es nun nur noch Klon-Hühner gibt.«

Heinrich Storz nutzte die kurze Pause für eine Erwiderung: »Tatsächlich hätte das Impfmittel rechtzeitig auf den Markt gebracht werden können, aber die Lobby hatte uns daran gehindert, da es ihre Chance war, im großen Stil mit geklonten Hybrid-Tieren in den Weltmarkt einzusteigen. So galten sie als die Retter, begannen dabei aber, ein genetisch verändertes Nahrungsmonopol aufzubauen.«

Christoph war verwundert: »Aber wieso lässt sich ein unabhängiges Institut den Mund verbieten?«

»Was meinst du wohl, Christoph? Denkst du, diesen ganzen Zirkus mit meinem Tod, dem Flug hierher und der Geheimniskrämerei haben wir nur gemacht, um dir zu erzählen, dass wir hier Viren im Kühlschrank lagern? Dieses ganze Institut ist zwar wichtig, aber nur die plakative Fassade, hinter der einige streng geheime Projekte der Bundesregierung versteckt sind – ob es sich um Klonen oder um andere nicht bestätigte Projekte der Regierung handelt. Ich zum Beispiel bin der Leiter der Abteilung ›Biologische und chemische Angriffs- und Verteidigungswaffen‹, unterstellt dem Wehrwissenschaftlichen Institut für Schutztechnologien, jedoch autonom und nicht bestätigt.« Das war ein starkes Stück. Doch anstatt die beschriebene Arbeit empört zu verurteilen, hörte sich Christoph fragen: »Und was soll meine Aufgabe sein?« Der alte Mann schien nicht damit gerechnet zu haben, dass Christoph Mumtaz sofort in die Offensive ging. Heinrich Storz zog seine Augenbrauen hoch und antwortete ruhig und unberührt: »Deine Aufgabe, Christoph, wird die Leitung des Projekts mit dem Decknamen ›Alkor‹ sein. Du wirst verantwortlich für die Entwicklung von kombinierten chemisch-biologischen Kampfstoffen sein, die auf genetisch veränderten Pilzsporen basieren, denen ein chemischer Wirkstoff angelagert wurde. Diese sollen sich selbstständig vermehren und damit einen lebensverneinenden, unsichtbaren Teppich im Kampfgebiet bilden.« Mumtaz wurde sarkastisch: »Und irgendwann läuft der Teppich um die Erde und übernimmt die Weltherrschaft …« Doch Heinrich Storz blieb weiterhin ruhig: »Im gleichen Zug werden effiziente Antagonisten entwickelt, die zunächst um das Einsatzgebiet herum ausgebracht werden und damit eine Ausbreitung über das gewünschte Gebiet hinaus verhindern. Letztlich, nach erfolgreicher Mission, wird mit einer erneuten Angriffswelle, nun jedoch mit einem Inhibitor, der Primärkampfstoff neutralisiert.«

»Aber wozu wird denn das Ganze erforscht? Es ist ethisch höchst verwerflich, mit biologischen und chemischen Kampfstoffen Krieg zu führen. Die zweite Frage muss dann noch lauten gegen wen?« Storz war auf solche Fragen natürlich vorbereitet: »Es geht um Schurken. War es früher ein Bin Laden, dann der Islamische Staat, der die Welt terrorisierte, ist es jetzt die *People's Force*. Damals war es lange Zeit keiner Nation der Welt gelungen, Bin Laden und seine ausführende Armee zu fassen und zu neutralisieren. Man hätte großflächig mit Atombomben in den afghanischen Bergen oder pakistanischen Ebenen kämpfen müssen, damit über die Strahlung die Wirkung erzielt worden wäre. Es gab keine Waffe, die es sonst hätte bewerkstelligen können. Das Ausräuchern über eine größere Fläche wird mit der neuen Generation von Waffen möglich sein. Nachdem Ringteppiche der neuen Waffen – außen Antagonstoff, innen Kampfstoff – um das Gebiet ausgelegt werden, kann die Zivilbevölkerung geordnet über Kontrollpunkte abziehen. Danach wird das Gebiet großflächig beregnet. Nach einem gewissen wirkungsvollen Zeitrahmen wird das Gebiet entgiftet werden. Die Bevölkerung kann in ihre Lebensräume zurückkehren. Mit ein wenig Aufbauhilfe ist der massive Angriff bald vergessen, die Regierung war voll erfolgreich. Und dies ist sogar im eigenen Land möglich.«

Christoph konnte die Fülle der Informationen noch nicht ganz greifen, aber es klang logisch. »Wenn es wirklich so funktioniert, was hieße es für mich?«

»Du müsstest die schlecht bezahlte Stelle als Assistenzarzt quittieren, arbeitest drei Tage die Woche auf Riems, zwei Tage zu Hause, erhältst Hin- und Rückflug und den Transport von Haustür zu Haustür, bekommst das doppelte Gehalt und bist, selbst gegenüber deiner Frau, zur absoluten Geheimhaltung verpflichtet.«

THORSON WAR AUFMERKSAM

»Die Spinne hat nur sieben Beine, Harms.«

»Das sieht man doch auf den ersten Blick!?«

»Klar … ich wollte das nur noch mal explizit sagen, damit es nicht in Vergessenheit gerät.«

»Alles klar Herr Kommissar …« Harms grinste, während er sich seine Hose am Gürtel ein wenig höher zog. »Aber das wird wohl nicht der einzige Grund sein, warum Sie hier wieder auftauchen, oder?«

Harms zog nun eine Augenbraue etwas in die Höhe, so als wäre er ein Detektiv und hätte gerade das größte Rätsel seiner Laufbahn aufgelöst.

»Ich habe vorhin noch mal über die Obduktion vor Ort nachgedacht, und da bin ich über etwas gestolpert.« Thorson setzte eine kleine dramatische Pause, vielleicht sammelte er auch nur seine Gedanken, um exakt sagen zu können, was er meinte. Harms senkte erst jetzt seine Braue wieder in die Position, die Brauen eigentlich zugedacht war, und glättete seine Stirn. »Der Tote war über und über mit Algen und Mud bedeckt, nicht wahr?«

»Ja klar, und?«, warf Harms nun wirklich gespannt ein.

»Wie sieht es denn in der Lunge bei einem im Meer Ertrunkenen aus?«

»Na, so wie außen, nur feiner.«

»Man kann aber schon mit bloßem Auge eine Verschmutzung erkennen?«

»Ja! Jetzt spannen Sie mich nicht länger auf die Folter, Thorson!« Harms wechselte den Fuß, auf dem der größte Teil seines Gewichts lag.

»Als Sie auf den Brustkorb des Toten drückten, kam aus dem Mund leitungsklares Wasser gequollen, das ist mir erst im Nachhinein bewusst geworden. Alles war verschlammt, nur sein Wasser aus der Lunge nicht.«

Es entstand eine kleine Pause, bis Harms »Hm« machte. Wieder war es still im Büro des Pathologen. Thorson holte tief Luft: »Was – hmm?«, fragte er ungeduldig.

»Nun lassen Sie mir doch auch mal den Spaß, Sie auf die Folter zu spannen.« Wieder entstand eine kleine Pause, in der nur die große Wanduhr tickte.

»Was jetzt, Harms? Es reicht!«, gab Thorson entnervt von sich.

»Hmm – es gibt verschiedene Möglichkeiten, die das Phänomen erklären. Zwei davon sind am plausibelsten. Erstens, davon bin ich ausgegangen: Der Mann ist im Oberflächenwasser außerhalb der Brandung ertrunken, wo das Wasser, gerade zu dieser Jahreszeit, recht klar ist, und wurde dann erst in der Brandung durch den Sand gewälzt, bis er schließlich an den Strand geworfen wurde. Die zweite Theorie: Er ist schon vorher, zum Beispiel in einem klaren See, ertrunken und wurde dann, bald danach, ins Meer geworfen, damit es so aussieht, als wäre er dort ertrunken. Dann hätte er Süßwasser in seiner Lunge.«

Ihre Blicke trafen sich. Harms musterte Thorson kurz und setzte dann fort: »Da Sie aber nun hier sind, gibt es wohl Grund zu der Annahme, dass Möglichkeit Numero Due eher infrage kommt, nicht wahr, Herr Kommissar?«

»Ganz genau, Herr Doktor. Tun Sie mir doch bitte den Gefallen und schauen Sie sich seinen Lungeninhalt noch mal genau an.«

EIN KURZER ANRUF

»Jürgen!«, rief ihn Peter Brunwald zu sich ins Büro.

»Ja!«, antwortete Thorson, sich seines Mantels entledigend.

»Ich dachte, du warst gerade bei Harms.«

»Ja, das stimmt«, sagte Thorson jetzt in normaler Lautstärke, da er sich nun im gleichen Zimmer wie Brunwald befand. »Wieso?«

»Er hat gerade hier angerufen und gesagt, ich soll dir Folgendes ausrichten.« Er nahm sich den Notizzettel, der vor ihm lag, und schaute einige Zeit darauf, so als ob er erst den Sinn wieder zusammensetzen müsse, dann holte er Luft und sagte nur: »Bingo!«, er drehte den Zettel, auf dem die fünf Buchstaben mit einem Filzstift fett aufgemalt waren, grinsend zu Thorson um. Auch Thorson grinste, aber aus einem ganz anderen Grund.

THETA-ETA-ALPHA-SITUATION

Der Aufsatz über die Maul- und Klauenseuche lag schon eine geschlagene halbe Stunde an seinem Platz auf dem Schreibtisch. Ein paar Stunden hatte er sich nun schon davor gedrückt, wusste er doch, dass seine Frau erst am späten Nachmittag von seinen Eltern zurückkommen wollte. Christophs Blick glitt über die Niederung hinter dem Haus, die er durch sein Arbeitszimmerfenster sah.

Er wusste jetzt, dass er die ganze Geschichte seiner Frau Tracey erzählen musste. Es durfte nicht zwischen ihnen stehen. Das Klingeln des Telefons ließ ihn aufschrecken. »Ja, Mumtaz?«

»Gamma, Gamma, Zwölf, Epsilon, Lambda, Sieben.«

Christoph richtete sich wie vom Blitz getroffen in seinem Stuhl auf. Er antwortete: »Theta, Eta, Alpha, Sieben, Sieben, Null, Beta.«

Die Stimme auf der anderen Seite der Leitung sprach kurz und sachlich: »Wir haben eine Situation der Stufe ›kritisch‹. Bitte begeben Sie sich direkt zum Militärflughafen Schleswig-Jagel. Dort erfahren Sie weitere Details.«

Christoph starrte den Telefonhörer an. Nach einem Moment der Stille begann das Besetztzeichen zu tuten. Dies war also die Situation, die ›sicherlich niemals eintreten wird‹, wie es ihm Heinrich Storz versichert hatte. Christoph war verstört. Geheimer Mitarbeiter hin oder her, er war ja kein Spezialagent oder so etwas. Seine einzige Spezialausbildung bestand in einem zehnminütigen Gespräch, in dem es um das eben geführte Telefongespräch gegangen war. »Theta, Eta, Alpha« und »begeben Sie sich direkt dorthin« klang wie aus einem zweitklassigen Agentenstreifen und irgendwie ein bisschen wie bei Monopoly; »Gehen Sie ins Gefängnis – begeben Sie sich direkt dorthin«. Doch das wirklich Beängstigende war die Stufe »kritisch«. Die höchste Alarmstufe, die nur bei einer nationalen Katastrophe oder einem bevorstehenden Krieg oder terroristischen Anschlag im eigenen Land mit globalen Folgen ausgelöst wurde. Und wenn er als biologischer Kampfmittelexperte angefordert wurde, ging es sicherlich nicht um eine Überschwemmung der Elbe. Für eine solche Situation hatte er keinen Notfallplan, keinen gepackten Koffer, keine Goldreserven im Keller, kein Waffenarsenal im Schrank und keine plausible Erklärung für die ahnungslose Familie. Apropos, was bedeutete bei den Militärs »direkt«? Sicherlich war damit nicht gemeint, dass er noch ein paar Stunden auf seine Frau warten konnte, um ihr alles zu erklären.

Er warf einige Kleidungsstücke aus seinem Schrank in einen Koffer und griff zum Telefon. Christoph brachte es jedoch nicht fertig, seine Frau auf ihrem Handy anzurufen, vielmehr schrieb er ihr einen Zettel, auf dem er versuchte zu erklären, dass Tracey sicherlich in einem Funkloch sei und nicht zu erreichen war, dass er sofort nach Riems müsse, da wegen einer sich ausbreitenden Tierseuche sein Wissen gebraucht werde. Kaum fünf Minuten später saß er in seinem Auto und war auf dem Weg zum vierzig Kilometer entfernten Militärflughafen.

EINE GANZ ANDERE GESCHICHTE

Fritz Gehling war schon lange nicht mehr in der Bibliothek gewesen. Die Informationen, die er für seine Arbeit beim Privatsender benötigte, erhielt er entweder direkt per E-Mail oder er konnte alles über das Internet in Erfahrung bringen. Endlich einmal wieder eine *richtige* Recherche durchzuführen, freute ihn sehr. Die große Bibliothek wirkte von außen unscheinbar, aber einladend. Hallend schritt er auf dem Steinfußboden unter der hohen Decke zur Information. Eine kleine, ältere Dame blickte ihn mit leicht angewinkeltem Kopf über eine halbe Brille, gehalten von einem locker um den Hals gelegten Metallkettchen, verkniffen an.

»Sie wünschen, junger Mann?«

»Haben Sie etwas über Atlantis?«

Ohne nachzudenken, setzte sie an: »Bei den Trivialsachbüchern, erster Stock, dritte Reihe, unter SACH gleich bei A; bei den Sagen und Götterbildern, erster Stock, achte Reihe, unter SAGE bei A und bei K wie Kontinent; und Platon finden Sie gleich da vorne bei den Klassikern.«

Damit war das Gespräch beendet. Fritz brachte automatisch ein »Danke« hervor und ging, sich wieder und wieder ihren Satz aufsagend, in die erste Etage. Er fand im Ganzen fünf Bücher, die ihm als ein guter grundlegender Querschnitt vorkamen. Auf dem Weg zur Ausleihe machte er noch einen Umweg, um die Werke von Platon mitzunehmen. Überrascht über die Mengen an Platonschriften entschied er sich dafür, noch einmal bei der Bibliothekarin nachzufragen. Er fühlte sich aus irgendeinem Grund wie ein kleiner Schuljunge. Schon von Weitem rief ihm die Frau monoton zu: »Timaios und Kritias – bei den Spätwerken!«.

Mit gesenktem Kopf, wie nach einer Niederlage, machte er sich auf den Weg zurück zu den Bücherregalen. Vorbei an Shakespeare, Goethe und Rostand. Er setzte sich mit seiner Beute in den Lesesaal.

In keinem Buch fand er jedoch etwas zu der Prophezeiung des Weltuntergangs, geschweige denn wahrsagerische Aussagen von Autoren, die über Atlantis geschrieben hatten. Wieso also behauptet eine Frau, sie habe etwas mit Atlantis zu tun und wisse Bescheid über das Ende der Welt? Leider wusste er nicht viel mehr, denn zu einem Interview war es ja nicht gekommen. Was könnte also noch dahinterstecken? Er grübelte vor sich hin. »Genau! Sekten!«, rief er aus und sah dabei mit seinem schnippenden Finger fast so aus wie die Comicfigur Wickie aus dem Kinderfernsehen. Im Lesesaal gab es ein empörtes Gemurmel, das jedoch schnell wieder zu der üblichen Ruhe abebbte. Fritz stand auf und ging schnellen Schrittes durch den Saal zurück zur Bibliothekarin, um nach Nachschlagewerken über Sekten zu fragen. Vielleicht gab es eine Sekte, die sich Atlantis zum Thema gemacht hatte. Er selbst war sich sicher, noch nie von einer solchen Sekte gehört zu haben. Leider schienen die kühlen Auskünfte der Bibliothekarin ins Leere zu führen. So kam er nicht weiter, reines Fachwissen über Atlantis brauchte er zum jetzigen Zeitpunkt nicht. Es war schon eine rötliche Dämmerung hereingebrochen. Mittlerweile bemerkte man den blassgelben Horizont im Norden der Stadt nicht mehr. Der hochatmosphärische Staub hatte sich allmählich gelegt, sodass die Nächte endlich wieder dunkel wurden und der Himmel nicht mehr gespenstisch leuchtete.

In den Läden herrschte geschäftiges Weihnachtstreiben. Trotz der warmen Temperaturen standen, wie gewohnt, die Weihnachtsbäume an jeder Ecke und die Geschäfte waren festlich erleuchtet. Die Wissenschaftler hatten eine Kälteperiode vorausgesagt, durch die Staubpartikel und Gase, die nach dem Vulkanausbruch in die Atmosphäre geschleudert worden waren. Sie sollten die Wärmestrahlen der Sonne direkt zurück ins Weltall reflektieren. Die Voraussage war beunruhigend, Temperaturen bis vier Grad Celsius weniger im Jahresmittel sollten die Erde zum weißen Eisplaneten werden lassen. Die globale Erwärmung war eine Katastrophe, die schnelle Abkühlung wäre jedoch ein Desaster gewesen. Derzeit schien die wissenschaftliche Sorge, von den Medien zur Panikmache ausgeschlachtet, etwas abgeklungen zu sein, denn eigentlich war das Abkühlen schon für die Monate nach dem *Climageddon* angesagt worden. An weihnachtlichen Tagen fehlte ein Stück heimelige, romantische Stimmung, dafür war die große Klimakatastrophe bisher ausgeblieben.

Er hatte wirklich keinen Grund, sich zu eschweren. Denn trotz des milden Verlaufs hatten andernorts viele Millionen Menschen kein Wasser, zumindest nicht genügend Wasser, um ihre Felder zu bewässern und eine ausreichende Ernte zu erzielen. Andere wurden von Wirbelstürmen immer und immer wieder getroffen und wiederum andere ertranken in den Wassermassen, die vom Himmel stürzten. Eine ungerechte Verteilung des Wetters auf der Welt, und es wurde merklich schlimmer und extremer.

Wie konnte er etwas über eine Sekte herausfinden, die mit Atlantis zu tun hatte? Sein Mobiltelefon klingelte, er nahm es und sah im Display, wer anrief: »Peter! Das ging aber schnell.«

»Fritz, hallo. Ja, es passte. Für die Zeit vor vierzig Jahren gibt es ein paar Einträge zu der Frau.«

»Aber Peter, die müssten doch längst gelöscht sein, oder?«

»Grundsätzlich schon, aber sie stand unter Verdacht, einer terroristischen Organisation anzugehören …«

Fritz war beeindruckt: »Wow! Das ist doch mal eine Hammerinfo!«

Peter Brunwald wartete darauf, weiterberichten zu können: »… es stellte sich aber als völlig harmlos heraus. Die Staatshüter waren damals jedoch ein wenig aufgeschreckt und nahmen vieles unter die Lupe. Zu der vermeintlichen Terrorgruppe sind keine Angaben zu finden, nur der Name: *Familie der Wahrheit.*«

Fritz wiederholte den Namen, damit er sich in sein Gedächtnis einbrennen konnte: »Die *Familie der Wahrheit* – das klingt doch mal vielversprechend. Großartig. Schön, dass unser Geheimdienst so wenig gesetzeskonform arbeitet, sonst wäre die Information längst im Müll gewesen. Um mal etwas Nettes zu sagen, du hast mir aus einem Loch geholfen. Danke.«

Peter freute sich über das ungewohnte Lob von Fritz, kannte aber die Länge ihrer Telefongespräche. Aus diesem Grund erwiderte er nur: »Alles klar«, und legte auf.

Fritz machte auf dem Absatz kehrt und begab sich für weitere Recherchen auf den Weg zurück in die Bibliothek.

HERR FISCHER VERSTEHT ETWAS NICHT

Herr Fischer ging an der oberen Algenlinie entlang. Das Licht wurde jetzt am frühen Nachmittag schon wieder rotstichig und schien nun von der Meerseite. Rexo tollte irgendwo am Wasser herum. Für ihn war der Urlaub auf der Insel immer ein großes Vergnügen. Zwei-, manchmal dreimal am Tag machte Herr Fischer einen großen Spaziergang am Strand entlang. Um ein Ziel zu haben, suchte er nach Bernsteinen. Er wusste alles über die Suche. Er musste ganz oben an der alten Wasserlinie nach den schwimmenden Harzklumpen suchen. Sie versteckten sich gerne im Tang. Bernsteine wurden nie in den Sand eingespült, dazu waren sie zu leicht. So ging er tagein, tagaus mit gesenktem Haupt am Strand entlang und suchte. Dass er noch niemals in den über fünf Jahren einen gefunden hatte, empfand er als nicht weiter wichtig. Für ihn zählte der olympische Gedanke.

Herr Fischer schaute auf. Rexo bellte eine Frau an, die etwas weiter am Wasser gerade einen kleinen Gegenstand aufhob. Da Rexo nicht aufhörte, die Frau anzukläffen, ging er, beschwichtigend rufend, näher heran. Erst als er seinen Hund erreichte, hörte dieser mit dem Gebell auf. Die Frau war schön. Mit funkelnden Augen betrachtete sie ihren Fund. Ihr Teint schimmerte seidigbraun und in ihrer fast weißen Handfläche lag ein Klumpen, so groß wie die billigen Schokokugeln, die es aus den eingeschmolzenen Osterhasen zu Weihnachten gab. Ein Lichtstrahl der schon fast untergegangenen Sonne wurde durch den Klumpen umgeleitet und traf genau in Herrn Fischers Augen.

»Was? Haben Sie gerade einen Bernstein gefunden?«, fragte er erstaunt. Die Frau sah ihn an, führte die Hand mit dem Fund zum

Mund und schluckte den kleinen Klumpen. Sie grinste Herrn Fischer mit einem unergründlichen Ausdruck an und ging wortlos fort. Er schaute ihr noch lange hinterher. Rexo spielte schon wieder mit einer Möwe Fangen.

FEIERABEND

Peter Brunwald ging nach dem Telefonat mit Fritz Gehling zur Kaffeemaschine und schaltete sie ab. »Jürgen, Feierabend!«

Jürgen Thorson blickte gedankenversunken vom Monitor auf. »Hmm? Was hast du gesagt?«

Brunwald wollte lustig sein: »Ich sagte, wenn du nicht als nächstes ›Hmm? Was hast du gesagt?‹ sagst, bekommst du einen Tag Sonderurlaub.«

Thorson erwiderte nur kurz: »Haha, sehr witzig.«

Worauf wieder Peter sprach: »Ich sagte nur, dass es nach vier Uhr ist. Was machst du da, surfst du ein wenig auf Ebay?«

Jürgen sprang sofort darauf an: »Genau. Ich suche das Buch ›Wie werde ich meinen Kollegen in vier Wochen los?‹. Nein, mir geht die siebenbeinige Spinne nicht aus dem Kopf, aber ich finde einfach nichts im Netz darüber. Ich habe schon alles versucht.«

»Dabei sollte das Netz doch eigentlich der richtige Ort für die Suche nach einer Spinne sein, oder?«

Brunwald blickte über Thorsons Schulter auf dessen Monitor und stutzte. »Äh, wieso hast du dieses Foto auf dem Rechner?«

Thorson verstand Brunwalds Verwunderung nicht. »Der Assistent von Harms muss doch die Polaroids einscannen und hat sie mir dann als Mail-Anhang zugeschickt.«

Brunwald bohrte nach: »Ja, aber wieso er?«

»Na, Peter, wen außer den Wassermann sollte ich wohl sonst ansehen?«

»Du bist ganz sicher, dass das der Tote ist?«

Thorson fand die Frage seltsam und blickte vom Monitor hoch. Erst jetzt registrierte er Brunwalds verdattertes Gesicht. »Was ist los, Peter?«

»Ich muss dringend telefonieren und du bekommst jetzt noch nicht deinen Feierabend.« Er nahm sein Diensttelefon zur Hand und wählte.

DAS VERSPRECHEN

Tracey Mumtaz schritt wie automatisiert gerade die letzten Stufen zum Eingangsportal des herrschaftlichen Reetdachhauses hinauf und wurde scheinbar bereits erwartet. Eine ältere Frau mit glockenklarer Stimme empfing sie an der Tür. »Schön, dass du da bist. Hast du am Strand vom heiligen Stein gekostet?« Tracey lächelte mit einem leeren Blick, der so gar nicht zu der sonst energiegeladenen Frau passte.

In der Empfangshalle richteten sich alle Augen auf Tracey. In einem großen lockeren Halbkreis standen in mehreren Reihen Frauen aus allen Teilen der Welt zusammen. Mit einem Blick konnte man die unterschiedlichsten Hautschattierungen von dunkelbraun bis blassrosa sehen. Alle möglichen Gesichtsformen, Körpergrößen oder Haarfarben waren zu sehen. Hier stand eine mandeläugige Asiatin in der ersten Reihe, daneben eine Frau mit weichen Gesichtszügen und rot gelocktem wallenden Haar, dort eine Perserin mit seidigem Hautton. Alle Frauen entsprachen den gängigen Schönheitsidealen. Es wirkte fast so, als hätte ein Sammler eine Auswahl der unterschiedlichsten und ansehnlichsten weiblichen Exemplare der Spezies Mensch zusammengetragen. Die Frage war nur, ob aus purer Sammelleidenschaft oder aus einem anderen Grund.

Die einzige Frau, die durch ihr Alter aus dem Rahmen fiel, schloss die Tür und begann eine engagierte Ansprache: »Als direkter Nachkomme des Geschlechts der Atlanter gab euch der Meister sein fast unbegrenztes Leben, um nach dem nahen Ende der uns bekannten Welt eine neue Kolonie zu gründen. Er wird euch schon bald in das ewige Leben einführen. Ihr, meine Seelenträgerinnen, werdet die Heldinnen der neuen Welt. Ihr werdet in den Köpfen euer geistigen Kinder und Kindeskinder weiterleben. Ihr gebt eure Seelen, damit sie sich in neuen Körpern materialisieren können. Der Meister wird von eurem Großmut, von eurer Tapferkeit und eurer Hingabe erzählen. Er wird der neuen Generation auf Atlantis erzählen, wie ihr gemeinsam, zum Ende des sechsten Zyklus, in der Nacht zum ersten neuen Erdentag überall auf dem Planeten die Saat des Zornes gesät und euch für die Zukunft geopfert habt. In diesen Minuten wird das entscheidende Zeichen über uns kommen, damit uns der Meister bald persönlich empfangen kann.« Tief Luft holend schaute die Frau mit der glockenklaren Stimme, die noch am Vormittag Fritz Gehling ein Interview hätte geben sollen, in die vielen Dutzenden Gesichter, die an ihren Lippen hingen.

NOCH EIN TELEFONAT

»Peter?«, fragte Fritz Gehling.

»Hallo noch mal, Fritz. Sag mal, warum hast du mir noch nie etwas von deinem zehn Jahre jüngeren Zwillingsbruder erzählt?«, lautete Peter Brunwalds ironische Verhörfrage.

»Ähh, alles klar bei dir, Peter? Sitzt gerade jemand der *People's Force* neben dir und bedroht dich mit einer Waffe und ich soll jetzt zwischen den Zeilen lesen, dass du Hilfe brauchst?«

»Erst mal liest du zu viele billige Krimis und außerdem läge ich spätestens jetzt erschossen auf dem Boden – keine große Hilfe!«, flachste Brunwald.

»Nein, Fritz, ich weiß, dass es ein merkwürdiger Satz war. Die Kernfrage lautet: Hast du einen jüngeren Bruder?«

Fritz Gehling klang weiterhin ein wenig verwundert: »Das kann ich nicht beantworten, aber es war eine aus journalistischer Sicht gute Frage, die mich aus dem Konzept bringt. Ich habe dir noch nie viel aus meiner Kindheit erzählt. Kurz gesagt, ich wurde als Baby ausgesetzt – wie eine Katze, die einem entspannten Urlaub nur im Weg ist.« Peter Brunwald klang ernst: »Dann solltest du den nächsten Zug auf die schöne Insel Sylt nehmen und mich dringend besuchen kommen. Wann bist du da?« Mit dieser Aufforderung war der journalistische Abenteuerdrang aktiviert worden: »Wenn alles mit den Zügen klappt und die mich in der Bibliothek nicht lynchen, da ich gerade im Lesesaal laut telefoniere, sollte ich in drei Stunden bei euch sein. Ich komme aber nur, wenn ich bei dir pennen kann und du mich zum Essen einlädst.«

Peter lächelte. »Ja, ja – das ist es mir wert.« Er legte auf. Thorson sah Peter Brunwald fragend an. »Warte es ab, Jürgen. Das wird ein ausgesprochen interessantes Wiedersehen, das kann ich schon versprechen.«

JETLAG

Christoph hatte die vierzig Kilometer in nicht einmal zwanzig Minuten Fahrt über Landstraßen bewältigt und stand vor der Kaserneneinfahrt. Als der Soldat zu seinem Auto kam, fiel ihm auf, dass er keinen Passierschein, kein Passwort und nicht einmal seinen Personalausweis dabeihatte. »Hallo Herr Mumtaz, Sie werden schon erwartet. Bitte fahren Sie hinter meinem Fahrzeug her, ich werde Sie direkt zum Rollfeld bringen.«

›Hallo Herr Mumtaz‹ – das war eine Begrüßung. Vielleicht sollte er tatsächlich anfangen, sich wie in einem schlechten Agentenfilm zu fühlen. Nach ein paar Hundert Metern stoppte das Geländefahrzeug an einem kleinen Gebäude beim Rollfeld. In der Tür stand ein uniformierter Mann, der auf ihn zu warten schien. »Guten Tag, Herr Mumtaz«, sagte der zackig mit Militärgruß.

»Ja. Ähm, hallo«, erwiderte Christoph leicht verdattert. Endlich konnte er ein »Was ist denn eigentlich los?« herausbringen. »Streng geheim. Wir wissen nur, dass wir Sie nach Riems eskortieren sollen.«

»Sie sollen mich nach Riems eskort…? Ich soll mit meinem Wagen nach Riems fahren? Das dauert ja ew…« Der Oberstleutnant unterbrach ihn mit einem Ton, der Neutralität und Entschlossenheit demonstrieren sollte, aber leicht genervt klang. »Nein, Herr Mumtaz, wir fliegen Sie mit dem Tornado-Kampfjet nach Anklam und von dort werden Sie mit dem Hubschrauber zur Insel verbracht.«

»Ist das Ihr Ernst? Ich soll in so eine Höllenmaschine steigen und werde zu irgendeinem kleinen Cessna-Flughafen geschossen, um dort auf einer Rollbahn zu landen, die nicht viel breiter als ein Fahrradweg ist?«

»Nein, Herr Mumtaz, genießen Sie die Reise, Sie brauchen nicht selbst zu fliegen, das werde ich für Sie übernehmen. Und machen Sie sich keine Sorgen, ich würde Sie sogar sicher auf einer Briefmarke landen, wenn es der einzige mögliche Ort wäre. Außerdem ist es der Otto-Lilienthal-Flughafen, benannt nach einem der Väter der modernen Luftfahrt, das ist doch einen Ausflug wert.«

Das Lächeln, das dem Oberstleutnant über die Mundwinkel huschte, konnte Christoph erwidern, aber nicht ohne das letzte Wort zu haben: »Omen hin oder her, Lilienthal ist doch bei einem Absturz eines seiner Fluggeräte ums Leben gekommen, oder?«

Die G-Hose und der Helm waren schnell angezogen. Die Sicherheitsanweisungen, die so ganz anders klangen als die von der Stewardess bei einer Pauschalreise, empfand Christoph wie in einem Traum, ebenso wie die schmale Treppe und den engen Sitz, das straffe Gurtsystem und die Atemmaske. Schon war das Flugzeug in der Luft und er in den Sitz gepresst. Diesmal waren es knapp 400 Kilometer, die sie zurücklegen mussten, aber dafür benötigten sie wiederum nur etwas mehr als zwanzig Minuten, und mittlerweile fühlte sich Christoph wie in einem guten Agentenfilm.

EIN TOTER WIRD WEITER UNTERSUCHT

»Gut, dass Sie so schnell kommen konnten, Thorson.« Harms war etwas aufgeregt, wusste er doch, dass er einen interessanten Fund gemacht hatte. »Na, was gibt es so Geheimnisvolles, das Sie mir zeigen wollen?«, fragte Thorson, der gespielt desinteressiert vor Harms stand. »Ich habe noch ein bisschen über unseren Freund nachgegrübelt. Ich meine, ist ja nicht meine Aufgabe, aber irgendwie fasziniert mich der Kerl – so wie Sie auch, nicht wahr?« Harms sah scharf zu Thorson hinüber, der weiterhin versuchte, seine kühle Rolle zu spielen. »Ich dachte immer wieder über die Narben nach, die beide auf die gleiche Art und auffällig gut verheilt waren. Da habe ich einen Zusammenhang vermutet.«

Sie hatten den Obduktionstisch mit dem Toten erreicht, der bäuchlings auf dem Metall lag. »Vorhin habe ich dann eine Narbe auf seinem Rücken aufgeschnitten, um einfach mal nachzusehen. Jetzt schauen Sie mal, was ich gefunden habe.« Harms zog sich einen Latexhandschuh über und klappte das Fleisch über der alten Narbe auseinander. Thorson erkannte im hellen OP-Licht das leicht bräunliche Funkeln vieler Scherben auf der ganzen Länge der alten Narbe, einige Zentimeter tief im Fleisch.

»Puh«, musste er erstaunt zugeben, »die haben ihm Glasscherben unter die Haut geschoben?«

»Das dachte ich auch erst, aber der Stoff war einfach zu weich. Ich habe lange hin und her überlegt, was es sein könnte, bis mir die Erleuchtung kam: Bernstein!«

»Bernstein?«, fragte Thorson nach.

»Ja, ganz klar. Ich habe es mir unter dem Mikroskop angesehen und es in die Kerze gehalten. Es ist Bernstein!«, unterstrich Harms seine Aussage. »Unter Umständen dient Bernstein zur besseren Wundheilung, aber ich habe noch nie etwas darüber gehört.«

»Das ist ein kultisches Ding, das sag ich Ihnen, Harms«, war Thorson überzeugt. Nach einer kurzen Verarbeitungsphase brodelte eine Frage in ihm hoch: »Und was ist mit der Kastrationsnaht?«

»Sie stellen Fragen. Soll ich da auch noch nachgucken?«, fragte Harms und suchte schon ein Skalpell. Gespannt schaute Thorson Harms über die Schulter. Nach kurzer Zeit hatte er den Bereich freigelegt.

»Das gibt's nicht«, rief Harms aus. Er hielt zwei hodengroße, feingeschliffene Bernsteine in der Hand, die beide klar erkenntlich einen Insekteneinschluss in ihrer Mitte besaßen. »Die waren in die Hodenhöhlen eingesetzt«, flüsterte Harms nun fast ehrfürchtig.

»Bessere Wundheilung also, was, Harms?«, scherzte Thorson, stolz darauf, ein weiteres Teil des unübersichtlichen Puzzles gefunden zu haben. In diesem triumphalen Moment öffnete sich die Milchglastür und Peter Brunwald kam herein. Ihm folgte ein gut aussehender, etwas missmutig dreinschauender Mann, Fritz Gehling. »Moin Harms«, rief Brunwald von Weitem. Bei Thorson und Harms angekommen, setzte er fort: »Ich habe Fritz Gehling mitgebracht. Das ist der Pathologe Harms, und das ist mein Chef und Kollege Thorson.«

Fritz setzte sofort an: »Herr Harms, sind Sie tatsächlich Pathologe oder eher Rechtsmediziner? Ich habe mal gehört, dass Ihre Kollegenschaft auf diese Unterscheidung großen Wert legt.« Als Reporter verstand er es, einen Small Talk mit Tiefgang zu beginnen. Harms sprang sofort darauf an.

»Endlich mal einer, der mir aus der Seele spricht. Tatsächlich habe ich hier auf der Insel beide Aufgaben. Ich führe Obduktionen an Menschen durch, die eines natürlichen Todes gestorben sind, dann bin ich quasi Pathologe, und ich führe auch rechtsmedizinische Obduktionen durch, um einen natürlichen oder unnatürlichen Tod festzustellen, dann bin ich der offizielle Rechtsmediziner. Ich glaube, mit dem Ausdruck ›forensischer Pathologe‹ würde ich am besten beschrieben werden.«

Niemals hätte Thorson es zugelassen, dass Harms ungestört einen solchen Monolog führte, ohne ihn mindestens mit störenden Kommentaren zu nerven. Doch er war so abgelenkt, dass er gar nicht mitbekam, was gesagt wurde. Nachdem er Gehling begrüßt hatte, war er einen Schritt am Kopfende der Bahre zurückgetreten und blickte abwechselnd die Leiche, Fritz Gehling und den schelmisch grinsenden Brunwald an. Irgendwann sagte er laut: »Das gibt's doch nicht!«

HERR FISCHER SIEHT FERN

Herr Fischer konnte nur einen alten Wohnwagen sein Eigen nennen, den er selbst ›kleine Hütte‹ getauft hatte. Auf Finnisch war dies jedoch wesentlich melodischer und klang auch gemütlicher: ›Pikku Mökki‹. In seiner ›Pikku Mökki‹ besaß er zwei Luxusgegenstände, die zur klassischen puristischen Weise des Anhänger-Campens nicht passten: eine gute Kaffeemaschine und einen großen Fernseher mit Satellitenempfang.

Obwohl es erst früher Abend war, war der Tag schon längst von der Dunkelheit abgelöst worden. Herr Fischer versuchte, nicht mehr an das Erlebte am Strand zu denken, hielt einen Becher mit heißem Kaffee in der Hand und zappte durch das Fernsehprogramm, bis er bei den Bildern eines Erdbebens hängen blieb. Erst dachte er, dass es eine Reportage sei, doch schon bald erkannte er, dass es sich um Livebilder handelte. Fast jeder Sender hatte sein laufendes Programm unterbrochen, um live aus der Erdbebenregion zu berichten. Vor nicht einmal einer Stunde hatte das Beben stattgefunden. Der Grund, warum sofort Livebilder zur Verfügung standen, lag daran, dass das Beben mitten in den USA stattgefunden hatte, in San Francisco. Schon jetzt sprachen die Reporter, trotz einer vermuteten Stärke von ›nur‹ 7,5 auf der Richterskala, von dem größten Beben in der Region seit 1906. Es wurde von Toten und Verschütteten ausgegangen, die Zufahrtswege waren aus Sicherheitsgründen gesperrt worden. Die ersten schockierenden Bilder, die alle Sender in der Dauerschleife einspielten, zeigten Luftaufnahmen von brennenden Häusern und Rauchfahnen über der ganzen Stadt. Die Golden Gate Bridge schien unbeschädigt, aber das andere Wahrzeichen, die Transamerica-Pyramide, schien im oberen Bereich stark beschädigt worden zu sein. Doch trotz dieser Bilder im Fernsehen schweiften seine Gedanken immer wieder ab zu der schönen Frau, die einen Brocken Bernstein vor seinen Augen geschluckt hatte. Rexo schnaufte tief.

GROSSE ÄHNLICHKEITEN

»Harms«, unterbrach Thorson, »kommen Sie mal und gucken Sie.« Thorson zeigte auf das Gesicht des Toten, dann führte er seinen Zeigefinger höher, um auf das Gesicht von Gehling zu zeigen. Das wiederholte er einige Male, bis der Pathologe Harms endlich darauf ansprang und ebenfalls einen Schritt an der Bahre zurückging, um dem Fingerzeig zu folgen. Mit ungläubigen Augen und offenem Mund sagte Harms bald: »Nee, ausgeschlossen. Herr …«

»Gehling, Fritz Gehling.«

»Herr Gering, haben Sie einen Bruder, der Ihnen sehr ähnlich sieht?«, wollte Harms wissen.

»Was ist denn nun los? Meine kleine Lebensgeschichte hatte ich doch schon Peter am Telefon erzählt.« Nun ging auch Fritz Gehling um Thorson herum, um sich das Gesicht des Toten anzusehen. Auch Gehling brachte keine klugen Worte hervor. »Ach du meine Güte, das ist ja ein Ding!« Der Tote war ein Abbild von Fritz Gehling. Es war da nicht diese ›schöpferische Freiheit‹ der Gene, bei der alle Kinder eines Mannes und einer Frau doch irgendwie anders erscheinen. Vielmehr sah der Tote wie eine Kopie von Fritz Gehling aus. Die markanten, eckigen Gesichtszüge glichen sich auf das Genauste. Andererseits sah der Tote bestimmt zehn Jahre jünger aus als Gehling. Thorson fand als Erster seine Sprache wieder. »Und was machen wir nun damit?«, wollte er wissen.

»Das ist wohl mein Metier«, sagte der Pathologe Harms.

»Ich mache ein paar Fotos von Ihnen, Herr …«

»Gehling, Fritz Gehling.«

»Ja, Herr Gehling, ich nehme Ihre Fingerabdrücke und streiche einen Wattestab an Ihrer Wangenschleimhaut entlang. Das wäre der erste Schritt, um im genetischen Bereich anzusetzen.« Während Harms einige Fotos mit der matt blitzenden Polaroidkamera machte und Thorson ihm assistierte, erzählte Gehling erneut seine Lebensgeschichte. Das letzte Wort des Abends hatte Thorson: »Peter, du und Herr Gehling seid morgen früh um sechs Uhr im Büro, wir müssen dann mal einen frischen Plan machen.«

EINE AUDIOBOTSCHAFT

Der Hubschrauber landete sanft auf der großen, runden Bodenmarkierung, gleich neben dem Hafenbecken, das Platz für genau ein Schiff bot. Der Hubschrauberlandeplatz auf der Insel Riems war von Weitem durch ein helles Rundum-Licht wie bei einem Leuchtturm gut zu erkennen. Jedoch waren Christoph Mumtaz' Erlebnisse im Kampfjet nur Minuten davor wesentlich beeindruckender gewesen. Mumtaz konnte schon am nahen Gebäude Heinrich Storz erkennen, der auf ihn wartete. Noch ehe die Rotorblätter ausgedreht hatten und nach einer kurzen Umarmung, die zwischen herzlich und geschäftlich lag, waren sie beide auf dem Weg zu Heinrich Storz' Büro.

»Frag nicht«, unterbrach Storz direkt den ersten Versuch der Nachfrage von Mumtaz, »wir sind gleich da, dann wirst du alles erfahren.« Schweigend gingen sie schnellen Schrittes voran. Als sie das Büro betraten, lief der Fernseher an der Wand schon. Heinrich Storz wies ihm wortlos einen Stuhl zu und setzte sich direkt neben ihn. Sofort begann Storz in einem sorgenvollen, geschäftlichen Ton zu erklären: »Christoph, wir stehen vor einer weltweiten, massiven Krise durch terroristische Kräfte. Die *People's Force* haben vor etwa drei Stunden allen Regierungen und Nachrichtendiensten der Welt eine Audiobotschaft in zwölf Sprachen zugespielt. Falls du es noch nicht gehört hast: San Francisco wurde vor einer Stunde von einem Erdbeben erschüttert.« Christoph schaute Heinrich Storz aufgrund der letzten Information verdutzt an und verstand den Zusammenhang nicht.

Storz drückte auf den Start-Knopf der Fernbedienung. Auf dem Fernseher zeigte sich das Emblem der *People's Force* als Standbild. Christoph hörte noch die letzten Brocken der französischen Botschaft. Nach einer kurzen Pause setzte die deutschsprachige Botschaft ein. Es war eine andere Stimme als die vorherige französische und klang warm und doch sachlich, wie ein Nachrichtensprecher.

»Guten Tag. Wir, die *Peace-On-Planets-Edge-Force* – oder *People's Force* – sehen den Frieden des Planeten auf Messers Schneide. Auch wenn wir uns zu den bisherigen Anschlägen bekannt haben, äußern wir uns heute erstmals zu unseren Intentionen. Wir stehen ein für eine radikale *Deglobalisierung*, gegebenenfalls mit einschneidenden Mitteln. Uns geht es nicht um Einzelaktionen, um einzelnen Menschen zu schaden oder sie zu töten. Vielmehr geht es uns darum, zerstörerische weltweite Vernetzungen zu unterbinden. Die Lkw-Bombe des Elbtunnels sollte die lokale Verletzlichkeit einer städtischen Infrastruktur demonstrieren. Die Super-Gas-Tanker, die wir zeitgleich an drei der weltweit wichtigsten Wasserwege – dem Nord-Ostsee-Kanal, dem Suezkanal und dem Panamakanal – zur Explosion gebracht haben, zeigte die Verletzlichkeit sicher geglaubter Handelsbeziehungen und -routen. Kaum einer war sich bewusst, dass es nur wenige Handelsaorten weltweit gibt. Der empfindliche Einschnitt durch die mittelfristigen Zerstörungen dreier Handelsaorten zeigte sich schnell in weltweiten Güter- und Lebensmittelengpässen sicher geglaubter Waren. Wir von *People's Force* waren davon ausgegangen, dass der empfindliche Einschnitt in die Geldbeutel jedes Konsumenten durch alternative Transportwege ausgereicht hätte, um eine nachhaltige, individuelle Besinnung auf lokale Ressourcen zu erreichen. Dies war ein Irrglaube.

Vielmehr mussten wir den nächsten Schritt gehen, um weitere Aorten zu stören oder zu stoppen. Die fast zeitgleichen Ausbrüche der *Three-Sisters*-Vulkane im Nordwesten der USA, die durch die

Medien zum *Climageddon* stilisiert wurden, sind ebenfalls unseren Aktivisten zuzuschreiben. Das Bekennen zu den Vulkananschlägen wurde von den Regierungen als nicht realistisch eingestuft oder vertuscht und galt allgemeinhin als ›Naturereignis‹.

Wir haben jedoch dank der lückenlosen Informationszugänge zu allen geheimen Informationen der Nachrichtendienste eine neue Technik perfektioniert, die wir aus dem HAARP-Projekt, der SURA-Station, der EISCAT-Forschungsorganisation und einigen weiteren Beteiligten und Konkurrenten erhalten haben. Wir nennen es *Plasma-Core-Phasing*. Das ›PCP‹ versetzt lokale Erdschichten in kritische Schwingungen, sodass wir Subduktionszonen und andere instabile Plattengrenzen nutzen können, um zielgenau Erdbeben oder Vulkanausbrüche zu erzeugen. Es sei angemerkt, dass wir das ›PCP‹ zum *Climageddon* nur mit zwei Prozent der möglichen Leistung genutzt haben und wir die Auslösung zielgenau steuern können.

Bevor sich nun Gremien und Sicherheitsausschüsse zusammensetzen müssen, um zu beraten, ob dies wirklich möglich ist, werden wir als *People's Force* Ihnen einfach eine kleine Präsentation bieten. Exakt in zwei Stunden werden wir San Francisco einem Erdbeben der Magnitude 7,5 auf der Richterskala aussetzen. Das wirkt abscheulich und wir schätzen diese schöne Stadt, jedoch müssen wir ein Exempel statuieren, um Gehör zu finden. Der Wert 7,5 ist so gewählt, dass die Mortalitäts-Infrastruktur-Relation die beste ist. Wir werden also mit der geringsten Opferzahl die größtmögliche zerstörerische Wirkung auf die Infrastruktur erzielen. Wir melden uns anderthalb Tage nach dem Beben wieder. Die Prophezeiungen sind zu gewährleisten.«

Christoph war entsetzt. Doch im nächsten Moment entwickelte sich eine Frage in seinem Kopf, die er – nicht besonders ausgegoren – hervorbrachte: »Und was hat das mit mir zu tun? Wieso wurde ich mit Überschall durch Deutschland geflogen und durfte nicht einmal meine Familie informieren?« Sicherlich, das war nicht sonderlich taktvoll, nachdem diese Schurken eine Stadt in Schutt und Asche gelegt hatten und sicherlich noch Schlimmeres vorhatten. Aber Christoph hatte keine Ahnung, was das mit seinen Forschungen zu tun hatte.

»Christoph«, sagte Heinrich Storz ernst, »der Geheimdienst weiß, wo sich die Terror-Schaltzentrale von *People's Force* befindet. Mithilfe der von uns entwickelten Kampfstoffe soll die Zentrale ausgeräuchert werden.«

Christoph Mumtaz wurde heiß und kalt. Obwohl es ihm eigentlich klar war, dass er Kampfmittel entwickelte, damit diese genutzt werden, wurde ihm schlagartig bewusst, dass sein Forschungsprojekt nun eventuell viele Menschenleben kosten und jedoch gleichzeitig noch mehr Leben retten konnte, sollte tatsächlich die Zentrale gefunden worden sein. Er ließ Revue passieren, was er zuvor gehört hatte, und stolperte über etwas: »Heinrich, das Projekt ›Alkor‹ entwickelt doch nur lang anhaltende, aber langsam wirkende Kampfmittel. Wenn *People's Force* nach zwei Stunden ein Erdbeben auslöst und sich in nun etwa dreißig Stunden erneut meldet, wird eine chemisch oder biologisch unterstützte Schimmelpilzvergiftung mit einer Verbreitungs- und Inkubationszeit von zwei bis vier Wochen nicht helfen.«

Christoph konnte Heinrichs Blick nicht klar deuten. Er sah entschlossen und zugleich fordernd aus. Es wirkte bedrohlich. »Nein, Christoph, ich meine nicht das Projekt ›Alkor‹. Ich spreche in diesem speziellen Fall von unserem gemeinsamen Projekt: *Aspergillus ricinus*.«

Mumtaz war entgeistert. Das Projekt *Aspergillus ricinus* war bisher äußerst erfolgreich verlaufen, da Heinrich und er innerhalb von fünfzehn Monaten einen Schimmelpilz durch genetische

Mutationen entwickelt hatten, der die Entwicklungsphasen Konidie, Keimung, Spore, Hyphe und Myzel innerhalb kürzester Zeit durchlaufen konnte. Damit vermehrte sich der Pilz explosionsartig. In jeder Phase, gerade der der Konidie, war der Schimmelpilz zudem extrem widerstandsfähig gegenüber Temperaturen, Trockenheit, Desinfektion und Strahlung. Mit nur wenig Feuchtigkeit und Nährstoffen, die sich überall in menschlich bewohntem Gebiet befanden, entstanden oberflächendeckende Hyphengeflechte. Sporen befanden sich in einer solchen Konzentration in der Umgebungsluft, dass diese mit dem Auge zu erkennen waren.

Doch als hätte dieser Erfolg nicht genügt, war es Storz und Mumtaz gelungen, dem Schimmelpilz durch Techniken der synthetischen Biologie Rizin aufzusetzen. Rizin ist in der Natur in den Samenkörnern der Rizinusstaude zu finden. Es gilt als der giftigste Eiweißstoff, der in der Natur vorkommt. Menschliche Zellen, die mit Rizin kontaminiert werden, sterben ab. Durch agglutiniertes Protein verklumpen die roten Blutkörperchen und sind nicht mehr in der Lage, Sauerstoff zu transportieren. Etwa zwei Tage nach dem Verzehr von Rizinussamen tritt der Tod durch Kreislaufversagen ein. Durch das Andocken des Eiweißkomplexes an den Schimmelpilz konnte das Rizin durch die umherschwebenden Schimmelsporen über die Atmung aufgenommen werden. Daraus entwickelte sich eine invasive Aspergillose, eine tödliche Schimmelpilzvergiftung, verbunden mit der Vergiftung durch die beiden korrespondierenden Rizin-Eiweiße. Nur einige Sporen reichten aus, um innerhalb weniger Minuten Lungenödeme, schwere Lähmungen und Atemstillstand hervorzurufen. Es existierte weder ein Gegengift noch war ein eingetretener, erreichter Zustand wieder umkehrbar.

Durch die Möglichkeit der ungeschlechtlichen vegetativen Vermehrung der Pilze und den neusten Methoden der Genforschung war es Storz und Mumtaz gelungen, dass die ribosomeninaktivierenden Proteine des Rizins jeweils vom Schimmelpilz mit reproduziert wurden. Somit war eine lebende, sich selbst vermehrende biologische Waffe geschaffen; zielsicher, schnell, sich in die letzten Winkel jedes Verstecks ausbreitend und tödlich. Es war eine Erfolgsgeschichte. Doch tatsächlich unterlag die Forschung mit Rizin dem deutschen Kriegswaffenkontrollgesetz. Heinrich Storz und Christoph Mumtaz hatten nur einen sehr engen Korridor, auf dem sie sich in der Forschung bewegen durften. Alle Forschungsprojekte, auch das Projekt ›Alkor‹, waren so angelegt, dass im Falle eines ›Auffliegens‹, zum Beispiel durch feindliche Spione, vonseiten der Regierung argumentiert werden konnte, dass es sich um Abwehrforschung handele. Die ebenso geniale wie infame Forschung an genetisch veränderten Materialien, die wiederum international geächtet waren, war jedoch nicht vorgesehen.

Aus diesem Grund experimentierten und dokumentierten Storz und Mumtaz seit vielen Monaten heimlich an dieser ultimativen biologischen Waffe. Für Christoph war es der Grat zwischen Genie und Wahnsinn. Sein Forschertrieb war so angestachelt und die Möglichkeiten im Labor auf Riems so vielfältig, dass er nicht widerstehen konnte, Schöpfer zu spielen. Für ihn war *Aspergillus ricinus* etwas Abstraktes, die Realisierung eines Gedankenspiels, ohne die Konsequenzen im Blick zu haben.

Heinrich Storz dagegen sprach vor Christoph immer von der ›weltgemeinschaftlichen Sicherheit‹ und dass man sich auf eine eigene Art zu wehren wissen müsse. Er war auch die treibende Kraft dahinter, durch Tierversuche die Wirkung zu verifizieren. In vielen Tests mussten Mäuse, Katzen, Affen qualvoll durch den mutierten Schimmelpilz sterben. In einer besonderen Kammer wurde der Versuch immer dadurch beendet, dass ein Brenner, der mit Wasserstoff und Sauerstoff betrieben wurde, die Zelle bei etwa dreitausend Grad Celsius ausbrannte und dabei das Versuchstier und jede Spore des Pilzes zu Asche verbrannt wurde.

Doch genau das war mittlerweile die große Sorge von Christoph. Was würde passieren, wenn Sporen – und seien es nur einige wenige – in die Umwelt gelangen würden? Die Ausmaße der Katastrophe wären undenkbar. Keiner wüsste, ob der Schimmelpilz zu stoppen wäre oder ob sich ein hochgradig vergifteter Schimmelteppich um die ganze Welt legen und alles Leben darauf vernichten würde. Vor einigen Monaten hatte er Heinrich Storz dabei überrascht, wie er eine aktive, konzentrierte Lösung des *Aspergillus ricinus* produziert und bereits einige Duzend Glasviolen mit der Lösung befüllt und äußerlich durch Chemikalien und Flammen dekontaminiert hatte.

In einem offenen Gespräch einigten sie sich darauf, dass sie nur noch gemeinsam am Projekt weiterarbeiten würden. Dazu wurde ein Sicherheitssystem installiert, das nur entriegelt werden konnte, wenn beide Wissenschaftler durch Netzhaut-Scan und Passwort verifiziert wurden. Anderenfalls wurde ein Selbstzerstörungsmechanismus aktiviert, der in einem Flammenmeer die bisherigen Ergebnisse vernichten sollte. Christoph Mumtaz war mit dieser Vereinbarung und Umsetzung beruhigter gewesen. Bis genau zu dem Zeitpunkt vor einigen Sekunden, als Heinrich Storz den Vorschlag aussprach, das *Aspergillus ricinus* zu verwenden.

Heinrich Storz schaute Christoph Mumtaz lange an, bis er verbittert antwortete: »Weil die Menschheit es verdient hat.«

»Was erzählst du da für eine Scheiße? Ich dachte, es geht dir um die Sicherheit der Bevölkerung! Bist du völlig verrückt geworden? Wir haben kein Gegengift. Wir hätten noch am Proteinhemmer zu Gpr107 weiterarbeiten können, um das Rizin wirkungslos zu machen. Mit einem funktionierenden Antidot wäre die ganze Arbeit in die Zukunft gerichtet gewesen. Aber du bist mir gerade sehr unheimlich, Heinrich. Ich werde das Projekt zerstören. Jetzt sofort.«

Damit stand Christoph von seinem Stuhl auf und wollte zum Labor gehen. Als er sich noch einmal umdrehte, zeigte die Sprühöffnung eines kleinen Fläschchens am ausgestreckten Arm von Heinrich Storz in sein Gesicht. Ein feiner Nebel berührte seine Haut. Er verlor sofort das Bewusstsein, den dumpfen Aufschlag auf den Boden nahm er schon gar nicht mehr wahr.

Storz steckte das Fläschchen wieder in seine Tasche zurück und sagte halblaut: »Weil die Menschheit es verdient hat, mein Sohn.«

Das Passwort für das Sicherheitssystem kannte Heinrich Storz schon lange, der Retina-Scan mit dem leblosen Körper von Christoph Mumtaz war mühsam, aber kein Hindernis.

2. TAG

DER ZWEITE MORGEN

»Morgen, die Herren!« Thorsons Stimme klang ausgeschlafen und scharf. Er schritt schnell zur kleinen Sitzecke im großen Arbeitszimmer und bot den anderen wie ein Händler auf einem ägyptischen Basar mit beiden Händen die zwei freien Stühle an. »Es ist sechs Uhr! Was ist los mit dir, Jürgen?«, wollte Peter Brunwald ungläubig wissen, während er wie magisch davon angezogen in Richtung des einen freien Stuhls ging. »Wohl mal mit dem richtigen Fuß zuerst aufgestanden, was?«, setzte er fort, da er den sonst extrem morgenmuffligen Kollegen eigentlich nie vor zehn Uhr oder drei Bechern Kaffee ansprach. Endlich saßen Brunwald und Gehling auf den für sie vorgesehenen Plätzen, worauf Thorson sofort begann: »Der Fall mit der siebenbeinigen Spinne scheint wirklich interessant zu werden.« Sein Gesicht strahlte Abenteuerlust aus.

»Sag mal, warst du heimlich am Asservatenschrank naschen?«

»Leute, ich habe heute einfach nur einen guten Tag. Wenn du also noch mehr blöde Sprüche ablassen willst, Peter, dann tue es jetzt. Ansonsten könnten wir zur Abwechslung mal konstruktiv werden, zumal wir einen externen Kollegen von der Presse hier haben. Was soll der denken?«

Mit einem Schuljungenblick, der direkt auf dem Boden vor seinen Füßen sein Ende fand, gab der Partner von Thorson zu verstehen, dass er bereit war, über den Fall zu sprechen. Obwohl Fritz Gehling längst schon über die Einzelheiten des gestrigen Tages informiert worden war, fasste Thorson noch einmal zusammen: »Also, wir haben den kastrierten Wassermann mit dem Spinnentattoo, der statt Salzwasser klares, gechlortes Frischwasser in der Lunge hat. Er scheint keine weiteren Verletzungen zu haben, also hat es wohl keinen Kampf gegeben. In seinen alten Wunden sind Bernsteinsplitter zu finden, in den Hodenhöhlen große Bernsteine. Nicht zu vergessen, dass der Tote wie ein jüngeres Abziehbild von Herrn Gehling aussieht. Das ist viel Komisches, hilft uns aber nicht weiter. Hat irgendjemand Ideen, wie wir weiter vorgehen sollen?« Thorson blickte in die kleine Runde.

»Der Typ war ja wohl in irgendein Clan-Ding verwickelt, oder?«, fragte Gehling nur rhetorisch, um gleich darauf weiterzusprechen. »Die siebenbeinige Spinne stellt vielleicht ein Zugehörigkeitszeichen dar. Da die Tätowierung so fein gearbeitet ist, können wir davon ausgehen, dass sie offen getragen wurde. Da unser Mann jedoch keine Glatze trug, war er seit einiger Zeit kein ordentliches Mitglied mehr.«

»Das war er sowieso nicht mehr«, prustete Brunwald los. Thorson ignorierte ihn und sagte anerkennend zu Fritz: »Das ist wirklich eine gute Überlegung, Herr Gehling.« Er ließ einen Augenblick lang seinen Blick aus dem Fenster schweifen, hinter dem nur der Parkplatz des kleinen Reviers zu sehen war. Gleich daran grenzte eine graue Betonmauer, die zum nächsten Haus gehörte. »Das heißt: Unser Wassermann ist aus dem Spinnenverein ausgeschieden. Da er aber zu viel wusste und vielleicht zu gesprächig war, wurde er beseitigt und ins Meer geworfen, um einen Unfall vorzutäuschen.«

»Nee, Jürgen«, schloss Brunwald an Thorson an, »einer, der so ein Tattoo bekommt und auf diese Weise kastriert wurde, der wird nicht einfach entlassen. Der ist untergetaucht und dann wurde er aufgespürt und ertränkt.«

Fritz Gehling nickte zustimmend, wobei er zu Thorson hinüberblickte, der gerade ansetzte, um ein vorläufiges Fazit zu ziehen: »Okay. Wir glauben, dass wir es mit einem Ex-Angehörigen einer extremen Gruppierung zu tun haben, der in dieser einen besonders hohen Status besaß. Wie und warum er umgekommen ist, wissen wir nicht. Ich meine, es muss ja nicht mit der Gruppe, Sekte, dem Geheimbund im Zusammenhang stehen. Jedenfalls glaube ich, dass die siebenbeinige Spinne ein guter Anfang für unsere Suche nach seiner Identität ist.« Thorson holte Luft, die anderen stimmten ihm mit den Augen zu.

»Ich werde mich mal im Tattooladen auf der Insel umhören, wer das Kunstwerk gemacht haben könnte«, sagte Brunwald spontan.

»Und ich hör mich mal in Sachen Sekten und Geheimbünde um, ich kenne da jemanden an der Uni in Hamburg«, stieg Gehling mit ein.

»Wunderbar. Männer, ich hol mir erst mal einen Kaffee.« Damit stand Thorson auf und ging grinsend zur Maschine. Die anderen beiden stöhnten auf und Brunwald schubste ihn, als er versuchte, zwischen den Stühlen hindurchzuschreiten. »Nein«, fügte Thorson nun ernsthaft an, »wir haben ja auch noch immer das Rätsel zu lösen, warum der Tote so aussieht wie Herr Gehling. Das wird meine nächste Aufgabe sein, gemeinsam mit Doc Harms. Und Sie, Herr Gehling, müssen ohne Frühstück wieder nach Hamburg zurück, denn in fünfzehn Minuten fährt die nächste Regionalbahn.«

HERR FISCHER MACHT EINE ENTDECKUNG

Der Strand war wieder flach und weit. Das Meer hatte sich zurückgezogen. Leise spülte es scheinbar kraftlos in dem Sand aus, Welle für Welle. Die Luft war milder als am Tag zuvor. Die aggressive Spannung und unbändige Energie des Sturmes am Meer war gewichen, es herrschte eine entspannte Atmosphäre, in der sich der Wind und die See bis zum nächsten Sturm vertrugen. Rexo rannte voller Hoffnung, auch an diesem Morgen etwas Ungewöhnliches zu finden, über die Dünenkuppe in Richtung Strand. Herr Fischer stapfte schwer atmend durch den tiefen Sand hinter dem Hund her. Rexo schien nicht zu wissen, dass die Steigung der letzten Düne vor dem Strand am anstrengendsten war, denn er lief mit Leichtigkeit einige Male über sie hinweg und freute sich darüber, so viel Sand für sich zu haben.

Der Strand war für diese frühe Tageszeit ungewöhnlich belebt. Herr Fischer blieb einen Augenblick auf der Kuppe stehen und genoss den Ausblick. Irgendetwas an den Leuten am Strand kam ihm seltsam vor. War es, dass sich alle nur auf einem kleinen Strandabschnitt befanden, der einige hundert Meter ausmachte, oder lag es daran, dass sich alle auf die gleiche Weise – langsam gehend – vorwärtsbewegten? Oder lag es daran, dass sich keine der Personen zu unterhalten schien? Es gab keine Grüppchen, keine schnellen Jogger, keine langsamen Familien.

Herr Fischer entschied sich zunächst einmal dafür, sich darüber keine Gedanken zu machen und ans Wasser zu gehen. Vielleicht hatte er ja heute Glück und fand endlich seinen ersten Bernstein. Im Hinterkopf spukte ihm noch der Vorfall vom Vorabend herum, den er einfach verdrängt hatte, weil er keine Erklärung für die erlebte Situation fand. Das Erdbeben von gestern war heute weiterhin das große Thema der Zeitungen und Nachrichten, doch Herr Fischer dachte an die Bernsteinfrau. Er zwang sich, auf das Meer zu schauen, doch dann musste er einfach zu den Leuten hinübersehen. Er hatte sich nicht getäuscht. Die Personen waren immer noch in einer Art Gleichschritt, entfernten sich nicht weiter voneinander, noch kamen sie sich näher. Herr Fischer suchte in seinem alten Jogginganzug nach seiner Brille, die er im Wohnwagen vergessen hatte. Er entschied sich dafür, der Gruppe ein kleines, wirklich nur ein kleines Stück entgegenzugehen. Seine Schuhe hinterließen helle Abdrücke im feuchten Boden, die bald darauf mit Wasser gefüllt waren. Auch den Hund interessierten die Leute anscheinend, denn er war schon ein Stück vorgelaufen.

»Rexo!«, rief Herr Fischer, »Rexo, komm her, Rexo!« Er hatte aus irgendeinem Grund ein merkwürdiges, fast mulmiges Gefühl. Hatten die Menschen dort nicht alle ihre Köpfe gesenkt und waren es nicht nur Frauen, die dort umhergingen, nur Frauen? Nein, er musste sich getäuscht haben. Sie hatten die Häupter gesenkt, wie bei einer Prozession – im offenen Gleichschritt gehend –, als würden sie meditieren. Sie kamen langsam in seine Richtung. Herr Fischers Schritte wurden langsamer, vielleicht unsicherer. Er schaute zu Boden. Sein Schritt erstarb. Er fixierte den Boden vor seinen Füßen und beugte sich dem Sand entgegen. Einen Augenblick später kniete er im feuchten Boden des meernahen Strandes.

»Das gibt es nicht. Das kann ich nicht glauben!«

IM TATTOOSHOP

»Da müssen Sie schon zu Slick nach Hamburg. Der hat davon Ahnung. Vielleicht hat er das sogar selbst gemacht«, sagte der dürre, tätowierte Mann, der in seinem Leben scheinbar schon zu viele Designerdrogen verkonsumiert hatte. Seine unterlaufenen Augen blickten Peter Brunwald sehr feucht, fast eiterig an. Brunwald nickte mehrmals und betrachtete den Teppich, um diesen ekligen Augen auszuweichen und nicht darin zu ertrinken.

»Und wo kann ich ihn da finden?«

»Der hat sein Studio direkt auf dem Kiez, kennt jeder.«

Brunwald verabschiedete sich kurz, steckte den Ausdruck des Polaroidfotos erst auf der Straße in seine Jackentasche und atmete einige Male tief die Nordseeluft ein.

DIE SEKTENSAGA

In dem kleinen Zimmer schien sich die Sonne zu schämen, wusste sie doch: In dem bis unter die Decke mit Bücherregalen verstellten Raum war der Tag nur ein Beiwerk der Zeit, die bedeutungsleer voranschritt. Selten blickte sie verstohlen durch das kleine Fenster. Die Lichtstrahlen wurden sofort von den abertausenden, dunklen Buchrücken absorbiert, sodass die einzige wirkliche Lichtquelle die alte Hundert-Watt-Glühbirnen war, die mehr Wärme als Licht erzeugte und in der grünen Sekretärslampe am verschnörkelten Schreibtisch hing.

Der alte Mann, der in das Zimmer so gut passte, dass er wohl nach seinem Tod ausgestopft und wieder auf seinen angestammten Platz gesetzt werden musste, um das Gleichgewicht des ›Ökosystems Buchzimmer‹ nicht empfindlich zu stören, schaute nicht einmal auf, als Fritz Gehling durch die schwere Tür trat. Er war auf direktem Weg vom Bahnhof in die Universität gefahren. Aus einem Beitrag über ›Rechte Gewalt‹ kannte er den Professor. Gehling hatte sich lange zu dem Mann durchfragen müssen, bis er, immer unterstützt durch einen mitleidigen Blick, vor die Tür geleitet wurde, durch die er gerade getreten war. Nach dem zweiten Anklopfen entschied er sich dafür, einfach einzutreten.

»Guten Tag, Herr Buchner!«, sagte Gehling laut, weil er dachte, der alte Mann könnte vielleicht schwerhörig sein. Leise schloss er die Tür hinter sich. Er ging einige Schritte in Richtung des Schreibtisches, an dem der alte Mann saß. Vielmehr saß er *hinter* dem Schreibtisch, der wiederum scheinbar ohne besonderen Grund in dem Zimmer stand. Im hochlehnigen Ohrensessel fiel der Lichtkegel der grün beschirmten Leselampe auf den

Schoß des längst emeritierten Professors für Religionswissenschaften.

Jetzt stand Gehling vor dem Schreibtisch des Professors Buchner und wusste nicht anders auf sich aufmerksam zu machen als durch ein leises Räuspern. Endlich bewegte sich der alte Mann. Doch seine einzige Bewegung beschränkte sich darauf, mit der freien Hand, die nicht das dicke Buch auf seinen Beinen hielt, zum Hinsetzen aufzufordern. Dabei wendete er keinen Moment seinen Blick von dem Buch. Etwas verwirrt schaute sich Gehling um und sah nur einen durchgesessenen Stuhl an der dem Schreibtisch gegenüberliegenden Regalwand. Unbewusst den Kopf senkend, setzte er sich nach drei, fast völlig von den dicken übereinanderliegenden, ausgetretenen Läufern gedämpften Schritten auf den Stuhl. Er sank tief in das Polster ein und spürte jede Feder in seinem Sitzfleisch. Ihn überfiel ein Anflug von Unwohlsein und obwohl er nie studiert hatte, wusste er mit einem Mal, wie sich ein Student in der Sprechstunde seines Dozenten fühlte. Es war fast so ein Gefühl, als hätte er als Kind etwas ausgefressen und wartete auf die Moralpredigt einer seiner Erzieherinnen im Heim. Der alte Mann hatte die absolute Macht, besonders, da Fritz in sein Reich eingedrungen war und nun auch noch etwas verlangen wollte.

Endlich, nach einer langen Weile, blickte Gustav Buchner auf. Seine blassblauen Augen drangen bis in Gehlings Gehirn vor. Er wusste, dass der alte Mann nicht das erste Wort sagen würde. »Äh, Guten Tag Herr Buchner, ich ...«

Gehling wollte sich aus seiner kleinen Falle befreien und zurück an den Schreibtisch gehen, doch mit einer weiteren kurzen Handbewegung unterband der alte Mann den Versuch sofort. »Also, ich«, begann er erneut, nun sich etwas im Sessel aufrichtend, »komme gerade von der Insel Sylt und wir haben den

Verdacht, dass ein Mordfall etwas mit einer Sekte zu tun haben könnte. Würden Sie uns vielleicht weiterhelfen?«

»Sie sind von der Polizei«, sagte der Professor feststellend.

»Nein. Ich handle aber im Auftrag der Polizei und aus eigenem Interesse. Es geht um eine siebenbeinige Spinne.«

Der alte Mann sah Fritz ohne zu blinzeln an, dann klappte er laut das Buch auf seinem Schoß zu. Er legte es auf dem Schreibtisch ab und seine Ellenbogen gleich dazu. Nun schien ihn das Licht der Glühlampe direkt von oben an und warf diabolische Schatten in sein Gesicht. Gehling wusste in diesem Moment, dass er Buchner für sich gewonnen hatte.

»Gestern ist bei uns eine kastrierte Männerleiche mit einer siebenbeinigen Spinnentätowierung auf dem Kopf angespült worden. Wir können uns darauf jedoch keinen Reim machen. Können Sie die Umstände vielleicht mit einem Ritus verbinden, Herr Buchner?«

Das war gut gesagt, fand Fritz. Er lehnte sich etwas weiter in dem absolut unbequemen Stuhl zurück. Der Professor spitzte einen Moment den Mund und sagte mit einem Kopfnicken: »Horizont Atlantis«, als wäre nichts selbstverständlicher. Es trat wieder dumpfe Stille ein, obwohl der alte Mann Gehling weiterhin fixierte. Sollte er nun nachfragen, was das bedeutete, oder kam der große Buchner damit selbst heraus? Endlich brach die Stille: »Das ist das Emblem der Sekte ›*Horizont Atlantis – Die Familie der Wahrheit*‹. Ich habe von ihnen seit fünfunddreißig, vielleicht vierzig Jahren, nichts mehr gehört. Sie glauben, dass sie nach dem Jüngsten Gericht oder zumindest dem Untergang der jetzig bestehenden Welt von Gott dazu auserkoren sind, als erste Kolonie die Menschheit fortzuführen; als Wiedergutmachung sozusagen, da sie meinen, zu hart bestraft worden zu sein, als Gott das Reich Atlantis untergehen ließ. Viel mehr ist darüber nicht bekannt.«

»Was bedeutet nun die siebenbeinige Spinne?«, wollte Gehling wissen.

»Die Sieben hat in der Anschauung von *Horizont Atlantis* die größte magische, heilende und erneuernde Kraft. Wir kennen ja auch die Sieben in unserem Aberglauben, jedoch gilt bei den Leuten von *Horizont Atlantis* diese Zahl als die ›Höchste Zahl‹. Alles richtet sich nach ihr. Sie haben zwar auch eine Woche aus sieben Tagen, jedoch besteht der Monat aus sieben Wochen und das Jahr aus sieben Monaten, danach folgen drei Abschnitte mit je sieben Tagen, die das alte Jahr reflektieren, sowie drei Abschnitte zu je sieben Stunden, die das neue Jahr begrüßen. Alle vierzehn Jahre wird ein weiterer ›kleiner Reflexionsabschnitt‹ von drei mal sieben Stunden eingefügt. Nach – sieben mal sieben – neunundvierzig Jahren kommt der ›große Reflexionsabschnitt‹ zur Geltung, zwei weitere Wochen, die ein neues ›Septal‹ einläuten, etwa wie ein halbes Jahrhundert für uns. Nach sechshundertsechsundachtzig Jahren wird ein zusätzlicher ›großer Reflexionsabschnitt‹ eingefügt, eine Art Schaltjahr, um den Kalender dem eigentlichen Sonnenjahr anzugleichen. Diese sechshundertsechsundachtzig Jahre werden als ›großes Septal‹ bezeichnet. Um jetzt noch den größten Bogen zu beschreiben, müssen wir das große Septal mit sieben multiplizieren. Diese viertausendachthundertzwei Jahre werden schlicht als ›Zyklus‹ bezeichnet. Zum Ende jedes Zyklus erwarten die Atlanter große Veränderungen.

Das ist nur ein kleines Beispiel, um das komplexe Siebener-System ein wenig zu veranschaulichen. Übrigens hat der *Atlantische Kalender* in viertausendachthundertzwei Jahren, also einem Zyklus, nur zwei Minuten Unterschied zum Gregorianischen Kalender.«

Gehling unterbrach den Professor, auch um die vielen Zahlen ansatzweise zu verarbeiten: »Ist das nicht sehr mühsam mit den ganzen Reflexionsabschnitten?«

Professor Buchner antwortete sofort: »Ach nein, jeder Mensch wächst in seinem eigenen zeitlichen Geflecht auf. Alle Kalender sind nur ausgedachte Hilfsmittel, damit der Mensch sich in der vierten Dimension, der Zeit, orientieren kann. Wer sagt denn eigentlich, dass eine Stunde sechzig Minuten besitzen muss und ein Tag vierundzwanzig Stunden? Wir kennen es einfach nicht anders. Viele Religionen und Völker haben unterschiedliche Zeitrechnungen, viele orientieren sich am Mond oder der Sonne, andere an Sternen und Energien. Der Maya-Kalender zum Beispiel, von dem damals alle Welt sprach, war nicht auf ein Enddatum, dem 21. Dezember 2012, sondern ist vielmehr auf ein Schöpfungsdatum, den 11. August 3114 vor unserer Zeitrechnung, ausgerichtet. Die Herrscher versuchten, ihre Macht zu stärken, indem sie durch ihre Stammbäume ihre Herkunft bis zurück zum Schöpfungstag darstellten. Zu diesem Datum stand die Sonne über dem Ort Izapa in einem ganz bestimmten Zenit. Dieser wiederholte sich im Jahr 2012. Nach den Maya und ihren Tzolkin-Energien wäre der 28. Oktober 2011 das eigentliche Enddatum für die letzten neun Schöpfungszyklen gewesen – letztlich viel bedeutsamer. Aber nach unserem Verständnis eines Kalenders galt der 21. Dezember 2012 als der Tag der Sonnenwende, kurz vor Weihnachten und dem neuen Jahr, als viel mysteriöser, und wurde deshalb von den Medien und Esoterikern gerne angenommen.«

Fritz Gehling durfte jetzt nicht aussteigen, denn Professor Buchner setzte schon wieder zu einer weiteren Ausführung an, die sicherlich einen Bezug zu *Horizont Atlantis* herstellte.

»Bei der *Familie der Wahrheit* ist jede Kleinigkeit auf die Zahl Sieben ausgerichtet, jedes noch so kleine Stück Leben. Besonders interessant ist dabei, dass die Schöpfung zwei Zyklen dauerte, Atlantis zwei Zyklen Bestand hatte und die Atlanter seit zwei Zyklen von Gott vertrieben sind. Gerade in diesen Tagen endet der sechste Zyklus und der heilige siebte Zyklus, der Neuanfang, beginnt. Darum ist es schon interessant, dass Sie genau jetzt bei mir im Büro erscheinen.«

Damit stand Herr Buchner unerwartet auf und verschwand hinter einigen Bücherregalen. Mittlerweile machte sich Fritz Gehling keine Gedanken mehr über den vielleicht etwas kauzigen, aber unglaublich verknüpft denkenden Buchner. Er würde gleich wiederkommen und fortfahren. Auch wenn Fritz spürte, dass seine Aufmerksamkeitspanne steil dem Ende entgegenstrebte, versuchte er seine Erlebnisse mit dem Gehörten zu verbinden. Schon erschien Buchner wieder mit einem dicken Notizbuch, in dem er blätterte, als er sich setzte. Als hätte es keine Pause gegeben, setzte er fort: »Das Symbol von *Horizont Atlantis* ist ein Dreieck, das auf der Spitze steht. In der Mitte befindet sich ein Kreis, von dem drei lange Strahlen zu den Ecken führen. Vier weitere Strahlen erreichen die Außenkanten. So sieht das Symbol aus …«

Buchner drehte die Notizen um, wobei sich Fritz aufgefordert fühlte, näher an den Schreibtisch zu gehen. In den sehr engen handschriftlichen Aufzeichnungen, die die weißen Blätter des Buches fast gänzlich schwarz färbten, waren einige Zeichnungen zu sehen. Eine seiteneinnehmende war das beschriebene Symbol. Zusätzlich konnte er auf die Schnelle eine Zeichnung mit einer siebenbeinigen Spinne erkennen und die Buchstaben-Zahlen-Kombination ›WA 22‹, die größer als die zusätzliche Schrift war. Diese Seiten mussten die Aufzeichnungen über die Sekte sein, auf die Fritz Gehling nun fast direkt über die Erzählungen des Professors, zugreifen konnte.

Buchner schwenkte die Notizen wieder zu sich zurück und schaute Fritz scharf an. Dieser zog sich wieder auf den ungemütlichen Sessel zurück.

»Ja, hier steht es«, setzte Buchner fort, »tatsächlich – morgen ist der letzte Tag des sechsten Zyklus. Wenn die Sonne hinter dem Horizont verschwindet, beginnt der siebte Zyklus. Interessant. Um jetzt endlich zur Bedeutung der Spinne zu kommen: Die Spinne steht für den Fleiß, die Kraft und auch die Tücke der Atlanter; die sieben Beine stehen für Folgendes.«

Der Professor hob seine eine Hand, faste mit der anderen den Daumen und schüttelte ihn. Das war das Zeichen für ›Erstens‹.

»Erstens: die bildende Kunst, die Seele der Lehren.«

Nun quetschte er seinen Zeigefinger ein wenig. »Zweitens: die Philosophie, der Leib und das Zahnrad, das ohne ersichtlichen Antrieb läuft, aber alles andere in Bewegung versetzt.«

Er war bei seinem Mittelfinger angekommen, seine Geste hätte in einer anderen Situation provokant gewirkt.

»Drittens: die Kommunikation, die sich in der Sprache, Musik und Schrift manifestiert und Laute und Zeichen in einen Klang zueinander versetzt.«

Der Ringfinger war bei dem alten Mann besonders ausgeprägt und wirkte fast so kräftig wie sein Zeigefinger.

»Viertens: die Realität, die Wissenschaften, welche die Welt und das Universum zu erklären versuchen.«

Wieder wanderte er einen Finger weiter. Nun hatte er jeden Finger seiner linken Hand gedrückt.

»Fünftens: die Zeit; sie zeigt sich in Erfindungen und Entdeckungen, die Symbole für die Zukunft und den Fortschritt darstellen, aber auch die Vergänglichkeit widerspiegeln.«

Es wurde spannend. Benutzte Buchner nun wohl seinen Daumen ein zweites Mal oder schloss er seine rechte Hand mit in den aktiven Zählprozess mit ein? Seine linke Hand blieb mit den fünf gespreizten Fingern in der Luft hängen, hinzu kam der Zeigefinger der rechten Hand.

»Sechstens: die Arbeit, das Negotium oder Ascholía, Aufgaben zur Erfüllung der Notwendigkeit des Lebens und zum Aufbau der Gemeinschaft. Und last, but not least …«

Noch einmal wurde es interessant. Würde der alte Mann nun seinen Daumen oder den Mittelfinger als abschließendes Zahlensymbol verwenden? Möglich war auch ein ganz anderer Finger. Der Professor entschied sich für die Möglichkeit mit der größten Fingerlänge, den Mittelfinger.

»Siebtens: die Muße, das Otium oder Scholé, das nicht untätige, freie Zeit bedeutet, sondern die Umsetzung und Unterstützung der ersten ›Beine‹ durch Rhetorik, Verhandeln, Politik, Präsenz und Ehrenaufgaben. Das sind die sieben Beine der Spinne Atlantis, der *Araaeptus*.«

Gehling musste seinen Blick von den Fingern Buchners lösen. »Das heißt, sie haben so ziemlich alles abgedeckt – die Atlanter – nicht wahr?«

»Nun ja, die Seele, den Leib, die drei Dimensionen, die Zeit, die Kommunikation, die Arbeit und die Interaktion. Ja, ein recht umfassendes Gebilde, da haben Sie recht.« Der alte Mann machte eine Pause und ein Ausdruck huschte über sein Gesicht, der dort scheinbar schon lange nicht mehr zu sehen gewesen war, es war der Anflug eines Lächelns. »Um Ihnen noch den Rest meines Wissens über die Sekte *Horizont Atlantis* zu vermitteln, kann ich Ihnen nur noch die Sage um die Spinne erzählen.«

Fritz war entspannt. Er hatte den durchgesessenen, weichen Sessel vergessen und freute sich auf die mythologische Geschichte, die er wie eine persönliche Anekdote des alten Mannes in sich aufsaugen wollte.

»Atlantis expandierte und führte Krieg mit allen Völkern, die gerade erst eine Kultur entwickelt hatten, um sie sich untertan zu machen«, so begann der Professor und seine Stimme wirkte für Gehling wie die eines Märchenonkels. »Da wurde Gott böse und sprach: ›Was macht ihr? Ihr lebt doch eure sieben Beine der Spinne *Araaeptus*, warum richtet ihr euch nicht nach ihnen? Warum führt ihr Krieg und tötet alles?‹ Darauf sagten die Atlanter: ›Wir töten nur das, was nicht an unsere sieben Beine der Spinne *Araaeptus* glaubt, damit sie ewig lebt.‹ Da wurde Gott noch böser und er sprach: ›Lasst die anderen leben, sie handeln auch nach den sieben Beinen der Spinne, nur nach ihrer Auffassung, und wollen sich nicht unterjochen lassen.‹ Darauf schrien die Atlanter: ›Willst du uns belehren, du, der sich nie um uns gekümmert hat und immer den normalen Menschen den Vorzug gegeben hat?‹ Gott wurde sehr böse und rief: ›Ich werde euch und eure ganze Kultur auslöschen und nur wenige von euch werden überleben, um diese Geschichte weiterzutragen. Den Rest des streitsüchtigen Geschlechts lasse ich qualvoll in der Erde versinken.‹ Damit tat sich die Erde auf und fast alle Atlanter wurden verschluckt. ›Und damit ihr es nie vergesst‹, sprach Gott, nachdem sich sein Zorn etwas gelegt hatte, ›werde ich eurer und jeder anderen Spinne acht Beine geben. Das achte Bein soll euch daran erinnern, dass ich euer Herr bin, der euch schuf und auch vernichten kann.‹ Und seit jenem Tag haben alle Spinnen acht Beine.«

Der alte Mann holte Luft und lächelte, was ihm nach dieser Erzählung recht gut gelang. Auch Fritz lächelte und sagte: »Das ist doch mal ein schönes Märchen, nur das mit dem achten Bein als Religion finde ich übertrieben.«

Buchner konterte darauf: »Das mit dem Begriff ›Märchen‹ lasse ich jetzt einfach mal so stehen, um nicht noch einmal einen neuen Vortrag zu beginnen, aber der mahnende Zeigefinger der monotheistischen Religionen ist eine ganz klassische Färbung und deutet eher darauf hin, dass die Geschichte der Sekte tatsächlich wesentlich älter als vierzig Jahre ist – als sie das erste Mal auf die dokumentierte Bildfläche durch die Gerichtsverhandlung der polygamen Gruppe traten.«

GESCHWISTER ODER NICHT

»Ein Hoch auf die genetischen Schnelltests«, war die Begrüßung des Pathologen Harms, als Thorson in das weiß gekachelte Büro trat. Harms hatte sich den Raum, der im Leichenschauhaus vorher einmal eine andere Funktion gehabt haben musste, funktional eingerichtet. Ein Schreibtisch, eine Kaffeemaschine und drei Flipcharts standen in dem mit Neonröhren beleuchteten Raum.

»Na, was hat nicht geklappt?«, wollte Thorson wissen.

»Der Fluch der modernen Technik! Wenn ich dem Test trauen würde, sind der Wassermann und Herr …«, Harms suchte nach Worten, Thorson half: »Gehling.«

»… Herr Gering ein und dieselbe Person und Sie sind ein leiblicher Bruder der beiden. Super Ausbeute, oder?« Thorson war verdutzt. »Was habe ich denn mit dem Gedöns zu tun?«

»Na, lesen Sie mal das Kleingedruckte in Ihrem Vertrag. Ihr genetischer Fingerabdruck ist, genauso wie meiner und aller Mitarbeiter im Außendienst, zentral gespeichert, um mögliche Verunreinigungen bei einer Spurenermittlung auszuschließen. Es gab da mal einen Fall im beginnenden 21. Jahrhundert, wohlgemerkt als die Arbeit mit dem genetischen Fingerabdruck noch in den Kinderschuhen steckte, in dem wurde ein Massenmörder gesucht, der scheinbar wahllos überall in Europa Menschen tötete. Selbst die besten Profiler tappten im Dunkeln: kein Motiv, keine vergleichbaren Tatmuster, nichts. Als dann an einem Tag der Mörder, fast zeitgleich, an zwei mehrere tausend Kilometer entfernten Orten zuschlug, wurde genauer nachgeforscht. Es stellte sich heraus, dass ein Mitarbeiter des genetischen Labors, der die Tests durchführte, sehr lax mit den sterilen Bedingungen des Labors umging. Er trug trotz Vollbart keinen vollen Gesichtsschutz. So landeten in vielen Tests Härchen, Hautschuppen oder andere genetisch relevante Teilchen des Mitarbeiters und sein genetischer Code wurde an vielen Tatorten nachgewiesen, obwohl dieser Mann irgendwo in einem Labor in Europa saß. So wird man zu einem fast genialen achtzehnfachen Massenmörder.«

Obwohl Thorson es interessant fand, musste er das kleine Spielchen gewinnen und rief laut: »Langweilig!«, in den Raum hinein. Beide schmunzelten. Thorson setzte fort: »Und was bedeutet das nun in unserem Fall?«

»Tja, das weiß ich nicht. Dass die Leiche und Herr Gräper …« Thorson unterbrach Harms: »Gehling!«

»… Gerling den identischen Code haben, liegt wahrscheinlich an meiner Schlampigkeit. Ich habe irgendwie zwei Proben von dem Wassermann oder …« Harms überlegte und entschied sich für eine neutrale Formulierung. »… dem Journalisten eingeschickt. Wieso Sie, Thorson, da mit einem identischen Y-Chromosom auftauchen, weiß ich noch nicht. Denn nach dem Test hat entweder der Journalist oder der Wassermann den gleichen leiblichen Vater wie Sie.«

Der Pathologe Harms holte Luft und setzte wieder an: »Erst dachte ich, dass ich noch einmal etwas durcheinandergebracht hatte, war ja gestern schon spät. Doch dann fiel mir auf, dass Ihre genetische Struktur ja fest im Rechner hinterlegt ist und eine Verwechslung in diesem Zusammenhang nicht möglich war.«

Thorson zog seine Augenbrauen zusammen. »Und was heißt das jetzt genau, Harms?«

»Entweder ist da innerhalb der Tests etwas schiefgelaufen und die Codes wurden im Programm irgendwie miteinander verknüpft oder Sie sollten mal zu Hause nachfragen, ob der Postbote ein bisschen aussieht wie Herr …«

»… Gehling, Fritz Gehling, verdammt noch mal!«

HERR FISCHER NIMMT EINE AUSZEIT

Herr Fischer spürte das kalte Wasser an seinen Knien nicht, er war einfach überwältigt. Überall um ihn herum lag Bernstein. Kleine Klumpen, größere Brocken – jede erdenkliche Bernsteinfarbe. Vom opaken Weiß bis hin zum fast schwarzen Braun waren alle Arten vertreten. Kein petrologisches Museum war besser sortiert. Er war so fasziniert, dass er die Frauen um sich herum zuerst gar nicht registrierte. Sie hatten ihn wortlos in lockerer Reihe eingeschlossen und knieten, wie er, im Spülsaum des Strandes und sammelten die Bernsteinklumpen ein. Verwirrt sah er sich um, unsicher, wie er sich verhalten sollte.

Die Frauen beachteten ihn nicht. Fast geräuschlos sammelten sie – wie Tauben im Stadtpark Brotkrumen – die Bernsteine um ihn herum ein. Er war völlig durcheinander und begann, einige versteinerte Harztropfen in seine leere Hand zu sammeln, dann hielt er inne, erschlagen von den unglaublichen Eindrücken, die ihn in den letzten Sekunden erreicht hatten. Er stand auf. Die Frauen sammelten weiter. Er konnte sich nicht bewegen, traute sich nicht, etwas zu sagen, hatte er doch Angst davor, sich auszumalen, was dann hätte passieren können. Wie auf ein Kommando standen alle Frauen um ihn herum auf. Es waren sehr schöne Frauen, die scheinbar aus der ganzen Welt zusammengewürfelt waren. Er hatte kurz die Vision, es mit einer Gruppe von ›Miss World‹-Kandidatinnen zu tun zu haben. Plötzlich hoben sie ihre Arme und ließen die Bernsteinstücke in die Münder fallen. Herr Fischer konnte sehen, wie sie einige Male schluckten, bis die Klümpchen in ihren Mägen waren oder zumindest auf dem direkten Weg dorthin. Wortlos drehten sie sich um und gingen, nun etwas zügiger, in die Richtung, aus der sie gekommen waren.

Herr Fischers Gesicht hatte gerade einen recht stupiden Ausdruck angenommen und er schwankte zwischen den Möglichkeiten, total verrückt zu werden, sofort zu sterben oder auch mal einen Bernstein zu kosten. Er entschied sich für einen Mittelweg und schaltete sein Betriebssystem für einige Minuten auf Stand-by.

Den Sturz in den Sand bemerkte er bereits nicht mehr.

EINE ART VON PREDIGT

»Auch wenn eure Körper vergehen werden, eure Seelen sind gerettet. Ihr habt gerade die lebenden Steine der Weisheit gefunden. Sie wurden für euch aus dem Meer geschleudert, damit sich eure Seelen darin sammeln können. Ihr habt eure Körper übergeben, sodass eure Seelen den ewigen Weg nach Atlantis antreten können.«

Heinrich Storz stand in einer weißen Tunika in der Eingangshalle des herrschaftlichen Reetdachhauses. Er hielt seine Hände bei seiner Rede in heroischen Posen. Obwohl er wie die Karikatur eines Anführers aussah, starrten ihn neunundvierzig Frauen ehrfurchtsvoll an. Es war so leise, dass es wirkte, als ob alle die Luft anhielten. Nur eine ältere Frau hatte etwas anderes in ihrem Fokus. Sie kniete ein Stück entfernt am Boden und wechselte die kühlen Umschläge auf der Stirn des nahezu bewusstlosen Christoph Mumtaz. Er war ebenfalls in eine Tunika gewickelt, seine Hände waren auf der Brust verschränkt und es schien, als läge er auf einem Bett aus feinsten Bernsteinsplittern.

»Ich habe meine Unschuld den Menschen gegeben und wurde damit sterblich. Doch ihr werdet in der neuen Generation von Atlantis weiterleben. Schon bald werden wir bereit sein für die große transzendentale Reise in das siebte Zeitalter.« Heinrich Storz pumpte sich durch einen tiefen Luftzug voll neuer Energie. Die Frauen murmelten untertänig, dann setzte Storz fort. »Auch wenn wir noch nicht komplett sind«, Heinrich Storz sah mit einem ausgiebigen Blick in Richtung Christoph, »werdet ihr aufbrechen müssen, meine *Atlantias*. Reist zurück in eure Winkel der Welt und verkündet die frohe Botschaft, dass der siebte Zyklus beginnt und Atlantis wieder aufersteht zu einer nie gekannten Größe.« Storz riss die Arme in die Höhe. Die neunundvierzig Frauen schrien besessen auf.

In diesem Moment öffnete Christoph Mumtaz die Augen. Mit glasigem Blick versuchte er, die Menge zu fokussieren, ohne sich bewegen zu können. Die Frauen verstummten sofort und Heinrich Storz nutzte dankbar die Situation. »Seht, meine *Atlantias,* mein Sohn schlägt für euch seine Augen auf. Auch er möchte euch mit seinem Segen in die Welt entlassen und euch für eure Treue und Hingabe danken.« Die Augen richteten sich auf Christoph Mumtaz, der mit müdem, entgeistertem Blick versuchte zu sprechen, was ihm jedoch nicht gelang. Storz übernahm an dieser Stelle erneut. »Vor der transzendentalen Reise steht jedoch der körperliche Weg vor euch. Bevor wir uns morgen dem Meer hingeben und die göttliche Ungerechtigkeit aufheben werden, wird uns die Kraft gegeben, eine bessere Welt zu schaffen, in der uns Gott freie Hand lässt und in der sich unsere Seelen vereinigen können, gleichgültig, wo ihr euch gerade befindet.«

Jede Frau in dem Raum spürte den Auftrag zum Aufbruch, doch noch setzten sich die Frauen nicht in Bewegung. Heinrich Storz bemerkte den zögernden Moment. »Geht, meine *Atlantias,* geht und brecht die Siegel.« Damit lösten sich die Frauen aus dem Halbkreis. Jede einzelne Frau kniete sich vor Christoph auf den Boden und küsste seine Hand, dann gingen sie weiter zu Heinrich Storz, küssten seinen Fuß und erhielten von ihm ein Kästchen, in das eine siebenbeinige Spinne eingraviert war. Ohne zu sprechen, verließen die Frauen das Haus und stiegen sehr weltlich in den bereitgestellten Bus.

KOMISCHE VERWANDTSCHAFTS-VERHÄLTNISSE

Harms saß am Schreibtisch vor dem Monitor seines Rechners. Auch wenn er die Polaroids liebte und damit gehörig kokettierte, konnte er sehr wohl mit dem Computer umgehen. Noch vor ein paar Minuten hatte er die Fingerabdrücke der Leiche genommen und verglich sie jetzt schon mithilfe eines computergestützten Programms mit denen von Fritz Gehling.

Harms schnaufte einige Male tief durch. »Jetzt ist klar, warum wir nichts über den Wassermann in unseren Datenbanken finden konnten. Fritz Gelting hat nur in seiner Jugendzeit etwas auf dem Kerbholz gehabt.« Thorson verstand nicht, was Harms meinte. »Was hat Gehlings Vergangenheit mit dem Wassermann zu tun?«

»Jeder Fingerabdruck ist individuell. Jeder Mensch auf der Welt, der lebt, gelebt hat und leben wird, hat individuelle Papillarleisten an den Fingerbeeren, zumindest, wenn er biologisch gezeugt wurde – egal ob innerhalb oder außerhalb einer Gebärmutter. Der Wassermann und Fritz Gelting haben die exakt identischen Fingerabdrücke.«

Jürgen Thorson versuchte, den Punkt zu finden: »Sie meinen, der Wassermann ist ein Klon von Herrn Gehling?«

»Es bleibt keine andere Lösung und bei genauerer Betrachtung gibt es viele Hinweise außer dem Aussehen, die dafür sprechen.«

»Bisher wurde noch kein Mensch geklont. Warum nehmen Sie es für selbstverständlich an, dass da draußen auf der Bahre ein Klon von einem Menschen liegt, den durch Zufall auch noch mein Kollege persönlich kennt?«, wollte Thorson wissen.

»Thorson, wachen Sie auf. Nur weil bisher noch nicht darüber berichtet wurde, dass ein Mensch geklont wurde, glauben Sie doch nicht wirklich, dass es nicht schon gemacht wurde. Egal, wie viele Gesetze es gegen das Klonen von Menschen gibt, und unerheblich, wie moralisch verwerflich es ist. Unter zehn Milliarden Menschen wird sich sicherlich ein Wissenschaftler finden, der skrupellos und wissenschaftshungrig genug ist, es durchzuführen. Und so außergewöhnlich ist der Mensch nun auch wieder nicht. Wir glauben nur, als ›Krone der Schöpfung‹ stehe unser Geist oder unsere Seele oder unser Karma – oder was auch immer – dem Klonen im Weg, aber zunächst ist es ein schlichter medizinisch-biologischer Vorgang.

Bereits 2007 wurde ein Rhesusaffe geklont, da ist der Mensch nun wirklich nicht mehr weit. Glauben Sie mir, die Forschung hat dann nicht einfach gesagt: ›Ah, das geht, dann hören wir jetzt lieber auf.‹ Wenn der Wassermann da draußen auf der Bahre tatsächlich so dreißig oder fünfunddreißig Jahre alt ist, dann können wir davon ausgehen, eine Art ›Prototyp‹ vor uns liegen zu haben, einen ›Erlkönig der Medizin‹.

Für den Prototyp sprechen die langen Narben und Verwachsungen. Wahrscheinlich ist es, dass ein Problem des Stammzellen-Klonen eine höhere Tumoranfälligkeit ist. Unser Wassermann schien immer wieder von Krebs befallen worden zu sein: Nierenkrebs, Lungenkrebs, Hodenkrebs, das volle Programm. Natürlich wurde er nicht im Krankenhaus behandelt, sondern in der ›medizinischen Werkstatt‹ des ›Dr. Klon‹.«

Thorson versuchte, die Ausführungen von Harms zu verarbeiten. »Aber was hat das Spinnenzeichen auf seinem Kopf zu bedeuten? Wer etwas streng Geheimes und Illegales veranstaltet, der setzt doch nicht seinen Stempel in Form einer Tätowierung auf sein Produkt!?«

»Außer, er möchte gefunden werden. Und an dieser Stelle wird es erst kompliziert. War es Zufall, dass wir so schnell und überhaupt einen ›Klon-Zwilling‹ gefunden haben? Was hat Dolly Gelting damit zu tun und …«

»Fritz Gehling heißt der!«, warf Thorson schnell ein. »… und eine letzte, nicht unerhebliche Frage lautet, warum sind Sie der Bruder väterlicherseits der beiden?«

NACH DEM GESPRÄCH IST VOR DEM GESPRÄCH

Peter Brunwald saß im Büro, als das Telefon klingelte. »Brunwald?«

»Hallo Peter. Na, hast du den Fall schon gelöst?«, wollte Fritz Gehling wissen.

»Genau der richtige Zeitpunkt, dass du anrufst, Fritz«, sagte Brunwald erleichtert. »Du musst gleich weiter auf den Kiez und einen Tätowierladen finden, in dem ein gewisser ›Slick‹ arbeitet. Der weiß vielleicht etwas über die siebenbeinige Spinne.«

Fritz ließ Peter ausreden, um dann einzuhaken. »Oder du fragst einfach mich, was es mit der siebenbeinigen Spinne auf sich hat …«

»Ach ja, du warst ja schon bei Professor Buchner, was hat er gesagt?«, wollte Peter Brunwald wissen. Fritz Gehling begann das Gehörte rund um die Sekte in einfache und prägnante Aussagen zu bringen, während er Peter Brunwald mitschreiben hörte.

Am Ende von Gehlings Erzählung sagte Brunwald: »Fritz, wenn morgen Abend der neue Zyklus beginnen soll, dann werden die Spinnenleute doch bestimmt noch irgendetwas tun, sodass wir sie aufspüren können. Und wenn wir ein paar Leute von *Horizont Atlantis* haben, sind wir bestimmt auch ganz dicht am Mörder vom Wassermann dran.«

Fritz stimmte zu, doch er wollte noch etwas zum Toten vom Strand wissen. »Wisst ihr jetzt schon, wer er war?«

»Thorson ist noch nicht wieder da. Der ist vorhin zu Harms gefahren und wollte ein bisschen intensiver nachforschen.«

Brunwald wollte aber noch etwas von Fritz erfahren: »Was hatte es denn mit dem Kürzel ›WA 22‹ auf sich?«

Fritz Gehling antwortete nur kurz: »Davon hatte Buchner nichts gesagt, ich habe es nur in seinen Aufzeichnungen als Randnotiz gesehen.«

Das Einzige, was Gehling noch zu sagen blieb, war: »Okay. Dann findest du aber die Adresse von Slick raus und schickst sie mir per SMS. Währenddessen trinke ich gemütlich einen Milchkaffee an der Davidswache und zeichne ein Bild von der siebenbeinigen Spinne. Aber Peter, nach dem Gespräch komme ich wieder nach Sylt. Das Spektakel kann ich mir nicht entgehen lassen.«

Peter Brunwald hatte nichts dagegen einzuwenden.

HARMS KANN NUR WENIG HELFEN

Harms Diensttelefon klingelte. Es trotzte seit Jahren dem allgemeinen Fortschreiten der technologischen Modernisierung. Obwohl es neben einem Computerbildschirm und Scanner stand, wurde das klassisch hellgraue Wählscheibentelefon nicht durch ein modernes Modell ersetzt. Es schepperte wieder. Natürlich war nach all den Jahren die mechanische Klingel etwas aus der Stimmung, dennoch gefiel Harms, dem unverbesserlichen Nostalgiker, das Geräusch immer noch besser als das digitale Tüdeldidüdeldidü. Das rostige Scheppern eines klassischen Wählscheibentelefons, das jahrzehntelang seinen Dienst einwandfrei getan hatte, fehlte auf der frei wählbaren Liste der Klingeltöne. Vielleicht war das einer der Gründe, warum das Diensttelefon, immer noch tapfer klingelnd, sein Gnadenbrot in dem gekachelten Büro bekam. Endlich wurde der Hörer abgehoben.

»Katholisches Mädchenpensionat?«

»Harms, hören Sie auf mit den Albernheiten.«

Thorson war immer wieder kurz versucht aufzulegen, obwohl der Pathologe Harms sich regelmäßig anders am Telefon meldete. Harms konnte das Rauschen der Wellen hören, der Wind brauste um das Mobiltelefon und ließ die Stimme von Thorson undeutlich werden.

»Wer ist denn nun mein Vater? Der Mann, der aufs Meer fuhr und nicht mehr zurückkam? Oder ein ganz anderer Mann, der Herrn Gehling und mich gezeugt hat? Oder hat mein Vater eine Frau geschwängert, die die Situation nicht aushielt und ihr Kind, Fritz Gehling, ausgesetzt hat? Und was weiß meine Mutter darüber? Und warum hat sie mir nie etwas davon erzählt?

Verstehen Sie, Harms, was mich plagt? Haben Sie irgendeine wissenschaftlich tragfähige Aussage zu dem ganzen Kram oder muss ich noch eine Flasche besten schottischen Whiskys in mich hineingießen, um meine Gedanken zu sortieren oder zumindest bis morgen zum Schweigen zu bringen?«

Der Pathologe sprach ganz ruhig und klar ins Telefon: »Thorson, ich habe mir auch schon lustige Konstellationen ausgedacht, denn auch für mich ist das alles recht merkwürdig. Ich kann Ihnen nur sagen, dass es weiterhin so aussieht, als ob ich keine Messfehler begangen hätte. Ich habe alles wieder und wieder überprüft. Und wer jetzt wen gezeugt und geboren hat, kann ich Ihnen nicht sagen, lediglich, dass Herr Gehling und Sie nicht die gleiche Mutter hatten.«

»Sie kenn' ja doch den Namen von Herrn Gehling«, lallte Thorson in den Hörer.

»Ja«, antwortete Harms, »wenn Sie aber noch eine Flasche alleine leeren, dann wissen *Sie* ihn und Ihren eigenen nicht mehr. Sagen Sie mal, wo Sie sind, und ich helfe ihnen beim Whisky.«

Thorson schien nichts gegen Harms' Gesellschaft zu haben, denn er gab bereitwillig seinen sandigen Aufenthaltsort am Meer preis.

ZU BESUCH BEI SLICK

Vor dem Tattoostudio stand eine Harley-Davidson. Polizisten und Journalisten waren bestimmt nicht gern gesehen, außer sie wollten sich ein Stirnband oder auch eine ›Knastträne‹ tätowieren lassen. Doch dämliche Fragen waren wahrscheinlich nicht sonderlich beliebt. Gehling machte die Probe aufs Exempel und schritt leichten Fußes drei Steinstufen empor, um in den Shop zu gelangen. Mit dem Türklingeln wurde er nicht wie erwartet schief angesehen, sondern freundlich bedient. Natürlich war ›freundlich‹ eine Definitionsfrage, doch empfand er das abgebrochene »Wat wissu, Alda!« als eine Aufforderung, sich wohlzufühlen. Der etwa zwei Meter große und ebenso breite, von oben bis unten tätowierte Klops sah ihn an, als hätte er gerade gesagt: ›Ich bin von der Polizei und weiß, dass Sie hier Geld waschen. Ich habe aber noch keinem etwas davon gesagt, da ich Ihnen die Chance einräumen möchte, sich selbst zu stellen.‹ Wortlos gab er dem bärtigen, sonnenbebrillten Slick, wie er wohl hieß, eine selbst gefertigte Zeichnung des Spinnentattoos des Toten, der so aussah wie eine jüngere Ausgabe von sich selbst.

»Das hätte ich gern auf dem Rücken«, sagte Fritz Gehling trocken.

»Bist du auch einer von den Spinnen-Spinnern?«, hustete der Klops ihm entgegen. Damit hatte Fritz plötzlich eine akzeptable Position. »Nee, ich hab das nur gesehen und bin voll auf die Qualität abgefahren.«

»Is' von mir!«, sagte der Vollblutrocker und ging, um einen Moment später mit einer Arbeitsvorlage für die siebenbeinige Spinne zurückzukommen, die er Fritz zeigte.

»So sieht das aus«, sagte er.

»Wow. Wie viele Leute haben das denn so?«, fragte Fritz scheinheilig nach. »Ich will nich', dass das nachher jeder hat.«

»Ich hab das bei fünfzehn Leuten gemacht, was auch immer die damit wollten. Das war in den USA, in Seattle. War todlangweilig, fünfzehn Mal dasselbe Motiv. Eigentlich sollte ich nicht die Gesichter sehen, doch mir ist aufgefallen, dass da viele gleich aussahen, wie eineiige Vierlinge oder so. Aber war egal, es hat gute Kohle gebracht. Das war ein Teil des Grundstocks für diesen Laden.« Slick hielt kurz inne, als er Gehling das erste Mal ernsthaft musterte, und schien aus dem Konzept gebracht: »Abgefahren, du gehörst wirklich nicht zu dem Verein? Ist wirklich schon ein paar Jahre her, dass ich die Dinger gestochen habe, aber irgendwie?«

Fritz fühlte sich nun unwohl. Auch wenn er wahrheitsgemäß antworten konnte, gab es wohl einen Grund, weshalb Slick so reagierte. Sein Blick suchte heimlich Fluchtwege aus dem Laden. »Nee, wieso denn?«

»Du siehst auch irgendwie wie ein paar der Typen aus. Wie aus dem Gesicht geschnitten. Die Gene. Der ältere Bruder sieht genauso aus wie die jüngeren. Abgefahren.«

Was für eine Informationsflut. Und Fritz hatte nicht einmal Zeit, sie zu verarbeiten, denn er musste sich nun einen neuen Plan ausdenken und zudem noch direkt Slick so verkaufen, dass er nicht als Haufen Hackfleisch den Laden verließ. »Tja, ich hab anscheinend keine Chance und einen echten Kopfgeldjäger vor mir. Da bleibt mir nur die Wahrheit.«

Wenn der Plan nicht funktioniert hätte, wäre bereits an dieser Stelle etwas geschehen, das am nächsten Tag in der Zeitung gestanden hätte. Also setzte er fort: »Tatsächlich bin ich der ältere Bruder. Die Spinnensekte hat meine jüngeren Geschwister in den Bann gezogen. Ich erkenne sie nicht mehr wieder. Sie haben sich ganz von mir abgewendet und verleugnen mich, nur wegen den Spinnen-Knallern. Ich muss sie finden und da rausholen. Und ich dachte, dass ich hier eine Chance habe, eine Spur zu finden, um endlich handeln zu können.«

Was für ein Tobak. Er schaute Slick an und versuchte, seine Mimik zu deuten. Jedoch konnte er nichts Deutbares finden. Eine lange Stille entstand, die Fritz mit jeder Sekunde unerträglicher vorkam. Er wusste jedoch, dass es nicht an ihm war, etwas zu sagen. Endlich holte Slick Luft. »Die Familie geht über alles!« Mehr sagte er nicht und schob die Vorlage auf dem Tresen zu Fritz. Er nahm sich das Motiv und wollte es in seine Jackeninnentasche stecken, als Slick wie selbstverständlich sagte: »Mit'm Fuffi biste dabei. Und ich würde in Amerika weitersuchen. Da war ich nämlich ein paar Wochen auf Abenteuerurlaub und habe in einem Tattoostudio die Tattoos gepikert.«

So bezahlte Gehling lächelnd und ging mit der Tattoovorlage in der Tasche zur Tür, auch wenn er gerne noch viel mehr über die USA erfahren hätte. Er wusste aber, dass seine Tarnung kurz davor war aufzufliegen, sollte er noch mehr Fragen stellen.

»Halt mal, Krampe«, hörte er Slick hinter sich her brüllen. Zum Fliehen war er noch entschieden zu weit im Laden und überhört haben konnte er die Reibeisenstimme auch nicht. Er ging noch zwei große Schritte weiter in Richtung Tür – als kleiner Notvorsprung sozusagen – dann drehte er sich um. »Ja, was is' noch?«, wollte er laut wissen.

»Hast du nich' vergessen, mir 'ne Kleinigkeit zu sagen?«

Fritz merkte, wie gut sein Adrenalinausstoß zu funktionieren schien. »Äh, was genau meinst du?«

Der Blick von Slick war besser als jeder Zeigefinger und sein Blick zeigte gerade aus dem Schaufenster auf den Bürgersteig davor.

»Ähm, hatte ich noch nichts über deine Eins-a-Harley gesagt?«, versuchte es Fritz. Er hatte ins Schwarze getroffen. Der Klops lachte wie eine rostige Kettensäge. »Und bewunder' mal den Tank meiner *Harald Dethlefsen,* Keule.« Damit drehte er sich endgültig weg. Die Türklingel schellte noch ein wenig nach, obwohl Fritz die Tür langsam zugemacht hatte. Er wäre am liebsten so schnell wie möglich weggelaufen, doch zuvor hatte er eine Mission zu erfüllen: Er musste circa zwanzig Sekunden lang den Tank der Harley-Davidson bewundern, bevor er endlich gehen konnte.

MEHR ALS NUR EIN ALTER WISSENSCHAFTLER

Erst eine ganze Weile nachdem er sein Bewusstsein wiedergefunden hatte, konnte sich Christoph Mumtaz wieder bewegen. Die Lähmungen, die er erst als bleibend eingeschätzt hatte, hatten sich überraschend schnell gelegt. Direkt nach der Verabschiedung der Frauen, noch bevor er seine gesamte Körperspannung wiederbesaß, wurde er durch die ältere Frau, die ihn bei der Zeremonie gepflegt hatte, mit Handschellen am nahen Treppengeländer festgekettet und allein gelassen.

Immer wieder spielte sich vor seinem inneren Auge die Szene ab, wie ihm Tracey, seine Frau, flüchtig die Hand küsste und mit den anderen Frauen das Kästchen in Empfang nahm, um danach aus der Haustür zu entschwinden. Was tat Tracey hier? Warum griff sie nicht ein? Doch so sehr ihm die Frage unter den Nägeln brannte, er würde Heinrich Storz nicht danach fragen, denn er hoffte, dass ein Plan dahinterstand.

Heinrich Storz betrat die Eingangshalle. »Hallo, mein Sohn, schön, dass du wieder wach bist. Ich hoffe, du verzeihst mir, dass ich dich betäuben und fixieren musste, da du mir freiwillig sicher nicht gefolgt wärst.«

Christoph Mumtaz wand sich auf dem Boden und versuchte, sich loszureißen. Dies verursachte jedoch lediglich Schmerzen an den Handgelenken, sonst geschah nichts. »Ach, hör auf mit deinem Gesülze! Was spielst du hier für eine Scheiße?«

»Na, Christoph, mäßige dich. Was soll deine Mutter von dir denken?«

»Fängst du jetzt auch noch an, über meine Mutter herzuziehen? Ich glaube, ich …« Während er sich weiter in seinen Handschellen wand, fiel sein Blick auf zwei ältere Frauen, die den Raum betraten. Er verstummte sofort. Das eine war die Frau, die ihn festgekettet hatte, das andere war seine Mutter.

Heinrich Storz nutzte die entstandene Pause und sagte förmlich: »Darf ich vorstellen: Das ist Helga Zirzewangen, die Mutter von Fritz Gehling. Und ich gehe davon aus, dass du Mona Mumtaz kennst. Das sind bereits zwei der drei heiligen Kelche, die mir meine drei Söhne geschenkt haben, um morgen Nacht gemeinsam in den siebten Zyklus aufzubrechen.« Henrich Storz hielt dabei theatralisch die Arme in die Luft. Christoph brachte nur ein »Mama?« hervor. Dies sah Mona Mumtaz als Anlass, sich erklären zu wollen.

»Christoph, ich habe …«

Doch sie wurde sofort, begleitet durch eine harsche Handbewegung von Storz, unterbrochen. »Schhh, meine Liebe. Nimm doch Christoph nicht die Spannung. Schau doch, wie fragend und verzweifelt er aussieht. Ich bin gespannt, was seine durchaus nicht niedrige Auffassungsgabe mit dieser Situation anfängt.«

Es entstand eine lange Stille, dann setzte Storz wieder an. »Ja, recht hast du, mein Sohn. Wenn etwas so Geniales vor sich geht, sollte man schweigen und genießen. Wo fange ich an? Mhh, ja.«

Heinrich Storz spielte seine Rolle wie ein Laienschauspieler, mit übertriebenen Pausen, Gesten und Betonungen. Ihm schien seine Rolle sehr zu gefallen. »Starten wir doch mit den letzten Erinnerungen, die du hattest, bevor du hier mitten in meiner Predigt aufgewacht bist – das Büro in Riems. Nettes K.o.-Spray, oder? Ich hab es mal an einem Wochenende erfunden, als mir langweilig war. Das Gute daran ist, dass ich ein Gegenmittel gleich mitentdeckt habe, damit es bei mir keine Wirkung hat. Für mich ein

Mundspray, für jeden anderen ein sofortiger Knock-out für einen ganzen Tag. Nicht schlecht, oder?«

Er ließ ein wenig von dem Schauspielergehabe fallen und wurde immer mehr zum »echten« Storz, so wie Christoph ihn kannte. »Das Gegengift war genau das, was uns ja leider noch für das *Aspergillus ricinus* fehlte. Ansonsten hätte ich dich auch nicht wie einen Gekidnappten behandeln müssen, dann hätte ich einen schönen Plan gehabt, bei dem du ganz von selbst hierhergekommen wärst. So musste ich leider die Holzhammermethode anwenden. Du hattest zwar einen schönen Flug, dafür wirst du nun aber auch noch Kopfschmerzen vom K.o.-Spray haben.

Alles, was du in den letzten vierzig Jahren erlebt hast, ist durch mich eingefädelt gewesen. Seit dich Mona geboren hat, stehe ich in Kontakt zu ihr. Der Mann, der für dich dein Vater ist, ist nichts weiter als ein Schutz, damit du bis zum heutigen Tage sicher leben konntest. Wir haben dich, wie auch meine anderen beiden Söhne, aus dem Fokus der Öffentlichkeit genommen, um *Horizont Atlantis* so gut wie möglich zu schützen.«

Christoph sah zu seiner Mutter, die ihren Blick gesenkt hielt, um ihm nicht ins Gesicht zu schauen. »Zurück zum Kampfstoff, deinem genialen Kampfstoff *Aspergillus ricinus*. Dieser ist nun unterwegs, um auf der ganzen Welt verteilt zu werden. Neunundvierzig Frauen, die dir vorhin die Hand geküsst haben, starten gerade in einer Privatmaschine und mit je einer Holzbox in Richtung Frankfurt, um von dort in ihre Heimatorte zurückzukehren und den Schimmelpilz freizusetzen. New York, Los Angeles, São Paulo, Sydney, Tokio, Peking, Dehli, Moskau, Kairo – ich könnte die Liste noch so viel länger fortsetzen. Morgen Abend wird dein Schimmelpilz den Siegeszug um die Welt antreten.«

»Nein!«, rief Christoph. Er fühlte sich leer und ihm war übel. Er hatte einem Soziopathen Tür und Tor geöffnet, die Welt zu vernichten. Auch wenn er wusste, dass es nicht sein Verdienst war, den Kampfstoff entwickelt zu haben, so war er doch aktiv daran beteiligt gewesen. »Hör auf, Heinrich. Sag, dass das alles nicht wahr ist. Du kannst doch nicht die Welt vernichten wollen!«

Heinrich Storz klang verbittert. »Doch, Christoph, das will ich von ganzem Herzen. Vor zwei Zyklen haben uns die Menschen von Atlantis vertrieben. Doch nun kommt unsere Zeit zurück.« Storz erzählte die Geschichte von *Horizont Atlantis*. Irgendwann kam er wieder bei dem *Aspergillus ricinus* an. »Jede dieser attraktiven Frauen trägt nun den Pilz, abgefüllt in eine Glasflasche, mit sich und wird sie morgen zur abgesprochenen Zeit zerbrechen.«

Christoph stutzte und hatte einen Funken Hoffnung, dass der geniale Psychopath doch einen Planungsfehler gemacht hatte. »Wie sollen denn die Frauen den Schimmelpilz durch die Sicherheitskontrollen an den Flughäfen bekommen?«

Doch Heinrich Storz antwortete ohne Hast: »Sie lassen die Holzbox zurück. Die Glasviolen haben eine Füllmenge von unter hundert Milliliter und fallen im sonstigen Handgepäck mit Cremes und Parfum nicht weiter auf.«

Christoph Mumtaz dachte wieder an seine Frau Tracey, die mitten unter den anderen Frauen stand und auch ein Kästchen von Storz erhielt. Mumtaz musste es wissen: »Wie hast du es geschafft, so viele attraktive Frauen aus aller Welt in deine Fänge zu bekommen?«

Heinrich Storz lächelte überlegen. »Eine gute Frage. Um ehrlich zu sein, wäre mir das niemals gelungen. Ich musste also eine andere Taktik anwenden. Was macht man als genialer Wissenschaftler? Man stellt sich selbst das Material her und verteilt es, wenn es programmiert wurde.«

Wenn Storz damit Tracey meinte, konnte Christoph klar sagen, dass er mit keinem Roboter sein Haus und Bett teilte. »Für Roboter waren die aber alle sehr lebendig.«

Storz lachte abwertend. »Ach Christoph, dass du doch so ein Kleingeist bist – nicht dumm, aber doch so beschränkt. Ich habe alle Frauen im Reagenzglas entstehen lassen. Ein Teil war immer meine genetische Information, das Ei habe ich mir von Frauen aus der ganzen Welt heimlich von Fertility-Kliniken und aus Krankenhäusern ›ausgeborgt‹. Dann begann meine schöpferische Arbeit. Ich habe weit mehr als fünfzig Lebewesen in einer ›Zuchtstation‹ ausgebrütet. Nicht übel, oder?

Mit Leihmüttern, Ammen und Gefährten, die die Idee der *Familie der Wahrheit* teilten, haben wir die Ausgesuchten großgezogen. Ja, Christoph, du könntest sagen, dass alle Frauen vorhin in diesem Raum deine Halbschwestern waren. Beeindruckend, oder? Ich will dich gar nicht mit Einzelheiten ermüden, aber durch ein ausgeklügeltes Sozialisationsprogramm, bestehend aus Ertüchtigung, Gehorsam, Wissen und *Wave-Programming* wurden die Frauen auf ihre Aufgabe vorbereitet, die sie am morgigen Tag ausführen werden. Ein Leben für *Horizont Atlantis,* ist das nicht schön?«

Heinrich Storz zögerte kurz, dann sprach er weiter: »Ach ja, Christoph, auch wenn du teilweise so gefangen in den eigenen gesellschaftlichen Konditionen bist, interessiert dich bestimmt meine *Wave-Programming.* Ich habe in einem jahrelangen System aus bewusster visueller und auditiver Konditionierung und unterbewusstem Programmieren scheinbar selbstständige, aber dabei völlig hörige *Menschen-Maschinen* erschaffen. Das unterbewusste Programmieren fand durch Reizwörter, visuelle Mikrobotschaften, also der Betrachtung von Bildern von unter einer fünfzigstel Sekunde, und Infratöne statt. Das sind niederfrequente Töne unterhalb des hörbaren Bereichs, die jedoch gefühlt werden können. Bei lang anhaltender Nutzung können Stressreaktionen, Ängste und sogar psychotische Reaktionen ausgelöst werden, bis hin zu schizophrenen Episoden. All diese Maßnahmen habe ich bereits verstärkt in der non- und frühverbalen Phase der Kindheit eingesetzt, in den ersten drei Lebensjahren. Danach musste ich die erlernten Verhaltensweisen lediglich festigen.«

Storz schien zufrieden mit sich zu sein. Christoph war so angewidert, dass er nicht wusste, was er getan hätte, wenn er auf Storz hätte losgehen können. »Du bist ja pervers. Du zerstörst das Leben von unschuldigen Kindern, nur um Kampfmaschinen zu erhalten. Es gibt nichts Verwerflicheres. Wie konnte ich bloß nicht merken, wie krank du bist?«

Heinrich Storz schaute mit heruntergezogenen Augenbrauen einmal gespielt böse und setzte fort: »Na, Christoph, wer wird denn so gemeine Dinge über den eigenen Vater sagen?

Ich war noch nicht fertig. Nach meinem *Wave-Programming* brauchte ich mir keine Sorgen mehr über Loyalität und Zuverlässigkeit machen. Ohne etwas tun zu müssen, standen die ersten jungen Damen vor ein paar Tagen vor der Tür, bis am gestrigen Abend auch die letzte Frau eintraf. Doch neben den tief verankerten Programmen wie Erscheinung und Auftrag hätte ich jederzeit die Möglichkeit gehabt, durch einen Telefonanruf oder vielleicht auch über eine geschaltete Fernsehwerbung einzelne oder alle Programmierte zu erreichen und für unterschiedliche Aufträge zu aktivieren. Toll, oder? Man könnte das *Wave-Programming* auch nutzen, um Menschen zum Abnehmen zu bewegen, es würde ihnen sogar Spaß bereiten. Jede Sucht würde überwindbar sein, denn das *Wave-Programming* ist stärker als alle Süchte und Gefühle, selbst wenn es erst nach der Kindheit eingesetzt würde. Oder stell dir Kriegsgefangene vor, die über ein paar Monate, vielleicht Jahre, *wave-programmiert* würden. Sie kehrten ins Heimatland zurück und würden aktiv oder passiv das eigene Land infiltrieren. Genial, oder? Und die Genfer Konventionen werden es, wie ein neues Dopingmittel im Leistungssport, nicht nachweisen können, da es einen großen Schritt voraus ist.

So, genug geplauscht. Ich muss deine Mutter wieder mitnehmen, denn auch sie ist nicht so willig und dankbar, wie sie es sein sollte. Die letzten Jahrzehnte konnte ich sie ja immer zum Stillschweigen erpressen, da du in meiner Hand warst. Sie ist aber eine genauso Ungläubige, wie du es bist, mein Sohn. Nur mit Medikamenten konnten wir sie die letzten Stunden so ruhig halten. Bevor sie nun wieder aufmüpfig wird, braucht sie wieder eine medikamentöse Auffrischung.«

Das schien das Zeichen für Helga Zirzewangen zu sein. Sie schob Mona Mumtaz wieder in die Richtung, aus der sie gekommen waren, und sie schlurfte gehorsam mit.

»Bei dir, mein Lieber, möchte ich aber, dass du alles bei vollem Bewusstsein und Verstand mitverfolgst. Ich möchte, dass du lernst und staunst – über all das, was du nie für möglich gehalten hast. Ich muss dir doch ein guter Vater sein und dir etwas beibringen, nicht wahr?«

Heinrich Storz war auf Christoph zugegangen und strich ihm nun durch das Haar. Mumtaz versuchte, dem Körperkontakt auszuweichen, indem er seinen Kopf herumschleuderte. Storz drehte sich wortlos um und verließ den Raum. Zurück blieben die Gedanken, die sich immer und immer wieder in seinem Kopf drehten. Warum hatte ihn seine Mutter nicht gewarnt? War Tracey auch ein Klon und war sie die ganze Zeit programmiert gewesen? Wieso war er überhaupt mit ihr zusammen? Hatte es Storz eingefädelt? Würde er seine Frau jemals wiedersehen? Christoph wünschte sich, sediert zu werden, um diesen Seelenqualen zu entkommen.

UNSTRUKTURIERTER INFORMATIONSNACHSCHUB

Brunwald war allein im Büro und saß wie auf heißen Kohlen. Thorson war wohl noch bei Harms, und Fritz war sicherlich in der Bahn von Hamburg nach Westerland. Er selbst hatte zwar ein paar bruchstückhafte Informationen, aber ohne Bezug zu etwas Greifbaren. Brunwald sah auf die Aufzeichnungen, die er angefertigt hatte, als er mit Fritz telefonierte. Ihm fiel das zusammenhanglose ›WA 22‹ auf und er setzte sich an den Rechner.

Bei Google erhielt er Informationen zu Kopfhörer-Vorverstärkern und anderen technischen Geräten, sowie kabellosen Knotenpunkten für Internetverbindungen. Interessanter war ›WA 22‹ in Bezug auf die Landesstraße 22, die durch den Bundesstaat Washington führte. Auch im Bundesstaat Washington fand er ›WA 22‹ als Funkkennung für einen privaten Flugplatz mit Namen Mirth, nahe dem Ort Hansville. Hansville lag auf einer Landzunge, nur etwa fünfzig Kilometer entfernt von Seattle, getrennt durch die Bucht ›Puget Sound‹.

Was Brunwald nun mit diesem unnützen Wissen anfangen sollte, wusste er nicht. Er legte seinen Kopf in die Hände. Die Ellenbogen waren auf den Schreibtisch gestützt. Der einzige Mensch, der vielleicht noch etwas dazu beitragen konnte, war Professor Buchner, da die Zahlen-Buchstaben-Kombination in seinen Aufzeichnungen stand. Brunwald suchte die Telefonnummer von Buchner heraus.

EINE VIDEOBOTSCHAFT

»Mein lieber Sohn.« Heinrich Storz hatte den Fernseher eingeschaltet. Die Situation war fast wie gestern im Büro auf Riems. Nur dort hatte Christoph Mumtaz noch geglaubt, Heinrich Storz sei ein brillanter Wissenschaftler, mit dem er zusammenarbeiten durfte. Mittlerweile wusste er, dass Storz mehr war. Er war, rein medizinisch-wissenschaftlich gesprochen, genial. Jedoch war er vom Wahnsinn befallen und glaubte, der spirituelle Führer einer Bewegung zu sein, die auserwählt worden war, eine neue Zivilisation an einem imaginären Ort zu gründen. Die Kombination aus Genie, Größenwahn und religiösem Fanatismus empfand Christoph als beängstigend.

Dass er zudem noch annehmen musste, dass dieser Mann sein leiblicher Vater war, entschärfte die Situation nicht. Noch immer war er mit Handschellen an das Treppengeländer gekettet.

»Du darfst als Erster erfahren, was die Welt in wenigen Stunden erwartet. Die folgende Videobotschaft wird morgen Abend unserer Zeit weltweit auf allen Frequenzen zeitgleich ausgestrahlt. Die Welt wird für diese Zeit stillstehen und kurz danach wird die Welt etwas ganz anderes ereilen.«

Storz spielte die Aufzeichnung ab. Im Video war Heinrich Storz in einem dunklen Anzug zu sehen. Er wirkte seriös und sachlich. Der Ausschnitt wirkte professionell, wie in einem Nachrichtenstudio aufgezeichnet. Neben der Ganzkörperaufnahme wurden auch Nahaufnahmen von Storz' Gesicht gezeigt. An anderer Stelle wiederum wurden, wie bei Nachrichtensendungen üblich, Foto- und Videosequenzen eingespielt, die zum Vortrag passten.

»Guten Tag. Wir, die *PEace-On-PLanets-Edge-Force* – oder *People's Force* – sehen den Weltfrieden auf Messers Schneide. Wir haben durch das Beben die *Plasma-Core-Phasing*-Technologie weitreichend verifiziert. Die Technologie ist lediglich möglich geworden, indem in einer globalisierten Welt auf unterschiedliche Inhalte, Wissenschaften und Techniken zugegriffen wurde. Sie mögen nun fragen, warum wir uns die *De*-Globalisierung zum Ziel gesetzt haben. Bei näherer Betrachtung wird deutlich, dass wir uns das benötigte Wissen nur aneignen konnten, da wir mit allen großen Geheim- und Nachrichtendiensten, Terrornetzen und Religionen kooperieren und uns finanzieren ließen. Dies wird spätestens jetzt ein Ende finden, denn wir haben Spionage auf allen Seiten betrieben und dies stringent für unsere Ziele verwendet.

Menschen können nicht gut sein. Das entspricht nicht ihrer Natur. Sie sind Raubtiere in Kleidung. Menschen müssen sich von anderen Menschen abgrenzen können und ein eigenes Revier beschützen. Menschen werden immer den eigenen Vorteil suchen. Das ist nur auf Kosten anderer Menschen, Lebewesen oder Ressourcen möglich. In einer globalisierten Welt führt das Streben nach einem eigenen Revier und der Angst vor dem Fremden zu immer fragileren Strukturen, die von wenigen Menschen dazu genutzt werden können, Nationen und Erdteile gegeneinander aufzuhetzen, um selbst Macht zu erhalten, für welche Zwecke auch immer.

Zu einer echten Globalisierung würde gehören, dass alle Länder allen Ländern Zutritt zu allen ihren Informationen gewähren. Nur mit offenen Informations- und Wissenspools könnte die Menschheit von einer Globalisierung profitieren. Anderenfalls passiert etwas, wofür wir von *People's Force* stehen. Wir haben jedoch nicht die Weltherrschaft im Sinn, so wie es die großen

Regierungen, Religionsgemeinschaften und Medienunternehmen Stück für Stück geplant und bereits umgesetzt haben. Wir werden das Individuum, den einzelnen Menschen, durch unsere *Deglobalisierung* wieder an Strukturprozessen beteiligen. Dies mag zunächst einschneidend wirken, jedoch sagte bereits Tertullian vor fast zweitausend Jahren: Alles erhält sich, indem es vergeht. Alles erneuert sich aus dem Untergang.

Da nicht alle Regierungen und Religionen alle ihnen zur Verfügung stehenden Informationen für alle zugänglich machen, wird die *People's Force* in fünf Minuten handeln.

Wir werden die fünf Schildvulkane Mauna Kea, Mauna Loa und die drei weiteren auf Hawaii ausbrechen lassen. Das *Plasma-Core-Phasing* wird bei einem *Hotspot* genau unter der Pazifischen Platte eine hochgradige Explosion erzeugen, wie sie die moderne Menschheit noch nicht miterleben durfte. Eine Flutwelle wird rund um den Globus bis zu etwa dreitausend Kilometer von jeder Küste ins Landesinnere vordringen. Die Sprengkraft wird ähnlich der eines Meteoriteneinschlags sein. Ungeheure Massen von Gestein und Gasen werden zusätzlich in die Atmosphäre entweichen. Dagegen wird das *Climageddon* ein mildes Lüftchen gewesen sein. Über die meteorologischen und klimarelevanten Auswirkungen kann spekuliert werden. Sicher ist, dass diese Aktion definitiv eine *Deglobalisierung* zur Folge haben wird, da Güter danach weder produziert noch transportiert werden können – die Menschen werden sich wieder Gedanken über das eigene lokale Überleben machen müssen.

Zudem haben wir die Wasserstoffbombe 78252, die seit dem 21. Januar 1968 vor Grönland vermisst wird, vor langer Zeit sichergestellt und haben sie unauffindbar unter der *Sakhra* deponiert. Die *Sakhra*, der heilige Grundstein des Felsendoms in Jerusalem, hat eine hohe Bedeutung für alle drei großen monotheistischen

Religionen. Für die Juden ist der Tempelberg der Ort, an dem der Tempel Salomons einst stand, und die Klagemauer stellt die Reste davon dar. Abraham oder Ibrahim als Stammvater Israels und Vater von Ismael, dem Stammhalter von Muhammed, hätte seinen Sohn auf dem *Sakhra*-Felsen im jetzigen Innern des Felsendoms geopfert, wenn Gott nicht eingeschritten wäre. Für die Muslime ist es der drittheiligste Ort auf der Erde. Die Seelen der Verstorbenen fahren nach dem Tod in eine kleine Höhle im Felsen ein und treffen sich dort zweimal wöchentlich im ›Brunnen der Seelen‹. Zudem ist Muhammed mit seinem Pferd Al-Buraq zu einem nächtlichen Ritt in den Himmel aufgestiegen und hat dort einen Fußabdruck und Barthaare zurückgelassen.

Für die Christen ist der nahe gelegene Hügel Golgatha mit der Grabeskirche der heiligste Ort ihrer Religion und die *Sakhra* ein verbindendes Element. Nachdem die Grabeskirche erbaut worden war, wanderten einige Wunder und Wirken Jesu zum Hügel Golgatha, die zuvor rund um die *Sakhra* verortet waren.

All das wird in wenigen Minuten nur noch den heiligen Schriften zu entnehmen sein, da sich am Ort des Felsendoms lediglich ein großflächiges, leicht strahlendes Loch befinden und ganz Jerusalem nur noch aus Ruinen bestehen wird.

So, wie die Explosionen der fünf Vulkane die Grenzen der Länder überschreiten werden, überschreitet die Vernichtung des Felsendoms viele religiöse Grenzen in den Köpfen der Menschen. Aus diesem Grund müssen Sie sich auf beide Durchführungen zeitgleich einstellen.

Die Prophezeiungen sind zu gewährleisten.«

Christoph Mumtaz wusste nicht, was er sagen sollte. Er schaffte es nicht, die Situation sachlich und ohne Emotionen zu betrachten. »Wie krank bist du? Du bist nicht nur der Kopf von *Horizont Atlantis* und hast gerade programmierte Klone in die Welt entlassen, um selbige mit einem Netz aus tödlichem Schimmelpilz für immer zu zerstören. Du bist auch der Kopf der *People's Force,* der meistgefürchteten Terrorvereinigung? Wozu denn dieser Aufwand, warum das ganze Tamtam?«

»Weißt du, Sohn, beinahe wäre mir *People's Force* aus den Händen geglitten, da es eine Eigendynamik entwickelte, die ich nicht für möglich gehalten hatte. Frustrierte, Despoten und Terroristen aller Welt schienen nur darauf gewartet zu haben, endlich ein Sprachrohr zu finden, das die Kraft des Bösen vereinigt. Verrückt, denn *People's Force* war zunächst lediglich als Ablenkungsmanöver geplant, um den Fokus von *Horizont Atlantis* abzulenken. Es war zwar zu jeder Zeit ein Teil der *Familie der Wahrheit,* das große Ziel, die Übersiedlung nach Atlantis, durfte jedoch nicht gefährdet werden. Gerichtliche Prozesse, eine Farm voller Klonkinder und biologische Waffen können durchaus die Aufmerksamkeit der Geheimdienste und der Öffentlichkeit auf sich ziehen. Wenn da aber eine Gefahr ist, die immer größer, greifbarer und globaler erscheint, saugt sie förmlich das gesamte öffentliche Interesse ein. Das wirklich Wichtige, der Beginn des siebten Zyklus von Atlantis, konnte sich so im unscheinbaren Schatten von *People's Force* verstecken, um umso stärker in wenigen Stunden hervorzubrechen.«

Christoph konnte die Absurdität der Situation kaum begreifen. »Du hast es als geniale und komplett durchgeknallte Einzelperson geschafft, die Welt vor ein zweifaches Armageddon zu stellen, ohne selbst in den Fokus zu geraten. Warum zeigst du dich nun der gesamten Welt vor der Kamera? Und ist das ganze Szenario mit *Plasma-Core-Phasing* und Wasserstoffbombe nur ein Gespinst zur Ablenkung oder gibt es beides tatsächlich?«

Heinrich Storz genoss seinen bevorstehenden Triumph. Es war ihm anzumerken, dass er gerne über seinen Plan plauderte. »Naja, der Bericht wird etwas für die Ewigkeit. Zum einen wird es die größte Ausstrahlung eines Mediums seit Menschengedenken, zum anderen wird es die letzte große Ausstrahlung der Menschheit werden. Das ist doch Grund genug, sich selbst zu zeigen. Ein bisschen eitel darf man doch sein, oder?

Tatsächlich war *People's Force* lediglich als eine Informationsblase gedacht. Doch wenn man die Möglichkeit hat, zweigleisig zu fahren, sollte man sie wahrnehmen. Es kann ja immer etwas dazwischenkommen. Schon ein paar Monate nach dem Anschlag im Elbtunnel ergaben sich Möglichkeiten, die selbst mir unglaublich erschienen. Ein russischer Ex-Söldner einer Spezialeinheit bot mir die verschollene Wasserstoffbombe an, unter der Prämisse, aktiv bei *People's Force* mitzuwirken. Wissenschaftler, Computerspezialisten, Agenten, alle boten mir ihre Dienste an. Daraus entstand die Idee, das *Plasma-Core-Phasing* zu entwickeln. Und tatsächlich, durch die unterschiedlichen Informationsquellen wurde die Technologie innerhalb kürzester Zeit aus der Utopie in die Realität gehoben.

Und morgen Abend darf sie ein Teil der *Familie der Wahrheit* werden und die Erde in den siebten Zyklus überführen. Es ist alles vorherbestimmt.«

Heinrich Storz füllte seine zerstörerische Weltanschauung so mit Herzblut, dass selbst Christoph, der wohl die meisten Puzzleteile der *Familie der Wahrheit* außer dem ›Meister‹ selbst besaß, von seinen Ausführungen eingefangen wurde.

»Heinrich, du glaubst wirklich, dass du morgen Nacht in eine andere und bessere Welt eingehen wirst, oder?«

»Mein Sohn, ich wusste, dass du zweifeln wirst. Ich werde es dir beweisen müssen. Schon bald ist es so weit, dann gehen wir gemeinsam nach Atlantis.«

EIN UNRUHIGER FLUG

Der privat gecharterte Airbus A 318 Elite flog schon seit einigen Minuten in Richtung Süden. Durch den Vulkanausbruch der ›Three Sisters‹ war die Reiseflughöhe der Inlandsflüge auf zehntausend Fuß reduziert worden, da sich in den unteren Luftschichten weniger Gesteinspartikel befanden.

Es war bemerkenswert, wie schnell lang bestehende und für wichtig gehaltene Richtlinien und Bestimmungen verändert worden waren, um die Mobilität auf der Welt weiterhin zu gewährleisten. Nach den Vulkanausbrüchen war der gesamte Flugverkehr auf der Welt eingeschränkt. Doch mit veränderten Routen, geringeren Reiseflughöhen und größerem Treibstoffverbrauch, da nicht mehr die Luftströmungen genutzt werden konnten, war ein leicht veränderter, aber kaum vereinfachter Weltflugplan entstanden. Lärmbestimmungen und Umweltgesetze wurden ausgehebelt, die Flugzeuge bekamen quasi freie Fahrt.

Durch die geringe Flughöhe konnte Tracey einen überwältigenden Blick über die Nordsee mit untergehender Sonne genießen. Doch das war nicht der Grund, weshalb ihr die Tränen in den Augen standen. Sie klammerte sich an die Schatulle, auf der die siebenbeinige Spinne eingraviert war. Obwohl achtundvierzig weitere Frauen um sie herum saßen, die alle mit ihr gemeinsam in der Nähe von Seattle auf einem kleinen abgelegenen Anwesen aufgewachsen waren, fühlte sie sich so einsam und allein wie nie zuvor.

Außer dem gleichmäßigen Brummen der Triebwerke war nichts zu hören. Es wirkte so, als würden die anderen Frauen in sich gekehrt meditieren. Warum konnte sie nicht auch einfach stumpf dasitzen und darauf warten, dass sie endlich ausführen durfte, wofür sie geschaffen wurde?

So sicher das jahrelange *Wave-Programming* im Klonlabor bei Seattle in ihrer Kindheit zu sein schien, bei Tracey funktionierte es nicht mehr. Dabei hatte sie eine besonders anspruchsvolle Aufgabe zugeteilt bekommen. Sie war bestimmt als Ehefrau für den Sohn des Meisters, für Christoph. Sie hatte es bereits als kleines Kind gewusst, bevor sie nach Beendigung der Programmierungsphase in ein *Peer-Surrounding* verpflanzt worden war. Dies war der Ausdruck für eine Angliederung in eine Familie im genetischen Kulturkreis. Tracey lebte von dem Zeitpunkt an nur ein paar Kilometer östlich, sie wuchs in einem Vorort von Seattle auf. Die ›Eltern‹ waren durch Heinrich Storz, dem Meister, handverlesen worden. Sie trugen die Idee von *Horizont Atlantis* weiter und waren Teil der *Familie der Wahrheit.*

Vor etwa zehn Jahren bekam sie Besuch vom Meister und erhielt persönlich den Auftrag, bei einer Ärztekonferenz in Seattle Kontakt zu seinem Sohn aufzunehmen. Diese Aufgabe erschien ihr wie selbstverständlich, war doch ihr ganzes Leben bisher auf diesen Moment hin geplant gewesen.

Scheinbar zufällig stießen Tracey und Christoph aufeinander. Dass Christoph Mumtaz selbst zu dem engen Kreis gehörte, dessen war er sich nicht gewahr. Er war immer davon ausgegangen, dass seine beiden Eltern auch seine Erzeuger waren. Doch sein gesamter Lebensweg war durch Storz strukturiert. Auch Christophs Medizinstudium – um später sein Helfer zu werden – war Teil des Plans. Und die Einladung zum Ärztetreffen nach Seattle eine der leichtesten Übungen, obgleich Christoph Mumtaz zu dem Zeitpunkt noch keine Referenzen vorzuweisen hatte.

Das, was Heinrich Storz jedoch nicht planen konnte, war, dass sich zwischen Tracey und Christoph echte Liebe entwickelte. Tracey wurde vom Meister dafür gelobt, die liebende Ehefrau besonders überzeugend zu spielen, doch dass es nicht gespielt war, erfuhr Storz nie.

Durch die Liebe wurde ihr installiertes Programm gestört. Sie begann, das System der *Familie der Wahrheit* zu hinterfragen. Erst unterschwellig, indem sie ein dumpfes Gefühl verspürte, immer dann, wenn sie in regelmäßigen Abständen Heinrich Storz Bericht über Christoph erstattete, später fühlte sie es ganz bewusst, indem sie versuchte, die *Familie der Wahrheit* zu verstehen und die Vernetzungen zu begreifen. Sie tat dies heimlich, ohne jemandem davon zu erzählen. Denn eines hatte sie auf jeden Fall gelernt: Vertraue niemandem, irgendwo ist im System immer ein Kundschafter der *Familie der Wahrheit*.

Die einzige Person, der sie wirklich bis ins Letzte vertraute, war Christoph. Der war aber wiederum im Zentrum des Netzes, ohne davon zu wissen. Ein Teufelskreis! Obwohl sie wusste, dass sie Christoph nie mehr wiedersehen würde, blieb ihr auf Sylt nichts anders übrig, als ihrem geliebten Ehemann flüchtig die Hand zu küssen und die Schatulle entgegenzunehmen. Auch wenn sie schon andere schwierige Momente in ihrer Beziehung erlebt hatte, bei denen sie stillhalten musste, um nicht aufzufliegen, und obwohl sie wusste, dass es um die Manipulation von Christoph ging, war das der schwerste Moment in ihrem Leben. Das, was jetzt kam, war lediglich die Vollendung des Moments. Sie wusste, dass sie handeln musste, bevor die Frauen die tödliche Fracht in alle Himmelsrichtungen verstreuen und so das höhere Leben auf der Erde auslöschen würden.

Langsam stand Tracey von ihrem Platz auf und ging, die Kiste weiterhin fest umklammernd, in Richtung Cockpit. Anders als bei einem Linienflug war die Tür zum Cockpit von beiden Seiten zu öffnen. Sie drückte die schmale Klinke nach unten und öffnete die Tür. Der Copilot drehte sich um und lächelte Tracey an. Sie hörte, wie er »Alles in Ordnung?« sagte. Tracey öffnete das Kästchen. In einem Futteral lag die Glasviole, die nicht mehr als hundert Milliliter fasste. Mit Daumen und Zeigefinger befreite sie das Glasfläschchen. Eine bernsteinfarbene Flüssigkeit schwappte träge hin und her. Der Ausdruck des Kopiloten änderte sich von lächelnd zu fragend.

In nur Bruchteilen von Sekunden schoss Tracey ihr Leben durch den Kopf, dann mehrfach die Frage, ob sie es tun solle, die sie immer wieder mit ›Ja!‹ beantwortete. Sie warf das Fläschchen zu Boden und trat so beherzt darauf, dass sie spürte, wie das Glas unter der Sohle splitterte. Sie dachte an ›Schrödingers Katze‹, ein Sinnbild für ein Paradoxon der Quantenphysik, indem eine Katze im selben Moment tot und lebendig war. Genau in dieser Situation waren gerade alle Insassen des Airbus. Obwohl es noch niemand wusste, waren eigentlich bereits alle tot. Es war lediglich eine Frage der Zeit, bis der Tod die Überhand gewinnen würde.

Tracey sah auf den Boden zu ihren Füßen. Bisher war noch nichts passiert. Der Kopilot hatte seine Haltung und seinen Gesichtsausdruck noch nicht verändert. Beim nächsten Blick bildete sich auf dem Boden ein hellgrauer Schimmer, wie Nebel, der sich auf dem Teppich niederschlug. Es entstanden sehr feine, klare Linien auf dem Boden, die sich schnell zu allen Seiten hin ausbreiteten. Es sah fast so aus wie eine Kristallbildung im Zeitraffer. Um dieses unregelmäßige Netz entstand ein immer deutlicherer Nebel, der lebendig, wie ein Bienenschwarm wirkte. Der Gesichtsausdruck des Kopiloten veränderte sich wieder. Nun wurde er hektisch: »Was haben Sie da gemacht?«, rief er.

Tracey antwortete darauf sachlich: »Ich habe gerade die tödlichste Waffe der Welt freigesetzt. In wenigen Minuten werden wir alle tot sein. Ich empfehle Ihnen, das Flugzeug so schnell wie möglich zu landen und mitzuteilen, dass niemand das Flugzeug öffnen darf. Sie könnten auch das Flugzeug zum Absturz bringen, dann wäre die Chance groß, dass auch alle anderen Giftgasflaschen verbrennen und der Schimmelpilz unschädlich wird.«

Während Tracey dies sagte, lief das Netz in rasender Geschwindigkeit ihre Hose hinauf, erst am Pullover wurde es langsamer. Der Bereich um Traceys Füße war mittlerweile dick vom pelzigem Schimmelpilz bedeckt. Ob es der Tonfall von Tracey war oder die unheimliche Ausbreitung – zumindest benötigte der Kopilot keine weiteren Anweisungen. Er nahm das Funkgerät zur Hand und setzte Notfunksprüche ab.

Im hinteren Teil der Maschine hörte Tracey die ersten fragenden Ausrufe. Also war das Netz aus Schimmelpilz bereits dort angekommen. Sie spürte an ihrer Hand ein Gefühl, als würde Watte ihre Haut entlangstreichen. Doch schon einen Augenblick später fing ihre Hand an zu jucken, als hätte sie in Brennnesseln gefasst.

Der Pilot begann zu husten. Dies lenkte Traceys Aufmerksamkeit zu dem Mann. Er war schon bis zum Hals mit dem Netz bedeckt, das immer kräftiger zu werden schien. Der blaugraugrünliche, lebendig wirkende Staub umschwirrte den Piloten. Sein Husten wurde stärker. Er versuchte sich aufzurichten. Es schien, als wolle er dies tun, um durchatmen zu können. Doch schon nach dem ersten Versuch brach er zusammen und begann heftig zu zucken. Seine Finger krampften sich zusammen. Sie sahen aus wie ein ausgetrockneter Spinnenkörper, der im Sommer in einem Netz hing. Sein Husten wurde zu einem panischen Röcheln. Nur Sekunden später hörte Tracey bloß noch ein flaches, pfeifendes Atmen. Sie hatte den Blick abgewandt, nachdem der gesamte Körper des Piloten mit einer flauschigen Schicht aus Schimmelpilz bedeckt war. Die letzten Bewegungen des Piloten wirkten wie unter einer Decke.

Der Kopilot hingegen funkte noch immer, obwohl auch ihn bereits ein feines Schimmelnetz bedeckte. Endlich löste er die Sauerstoffmasken aus. Der ruhige, hintere Teil der Maschine mit weiteren achtundvierzig Frauen wurde nun hysterisch, es waren spitze Schreie und dumpfe, aufschlagende Geräusche zu hören.

Nun begann auch Tracey zu husten. Schon beim ersten Husten fühlte es sich an, als hätte sie Rasierklingen eingeatmet. Sie konnte den Hustenreiz noch unterdrücken und hörte den Kopiloten sagen: »Bremen Check. Ich wiederhole: Die CAT IIIb Landung ist auf Ihr ILS angepeilt. Riegeln Sie den Flughafen ab. Nehmen Sie Kontakt zur nationalen Sicherheit auf und öffnen Sie unter keinen Umständen das Flugzeug. Ich wiederhole, öffnen Sie nicht das Flugzeug. Der Kontakt wird gleich abbrechen. Gott sei mit uns.« Der Kopilot ließ sein Funkgerät fallen und versuchte, ruhig zu atmen.

Mehr konnte Tracey nicht tun. Ihr wurde schwindelig. Sie musste erneut schwer husten. Die Schmerzen wurden unerträglich. Kurz bevor sie ihr Bewusstsein verlor, dachte sie an ihren Mann Christoph und ihre Kinder. Sie wollte es laut sagen, doch ihre Stimmritzen waren bereits mit einem weichen Flaum aus Schimmelpilz belegt: »Iliana, Dschodsch, Christoph, ich liebe euch.«

3. TAG

ETWAS ÜBER THORSONS FAMILIE UND TRÄUME

»Hab ich beschissen geschlafen«, knurrte Thorson, als er sich den Mantel auszog. Brunwald und Gehling saßen heute schon in der Sitzecke und warteten auf ihn. Thorson war nie zu früh da, man konnte ihn aber auch nicht als unpünktlich beschreiben. Er nahm sich einfach die Freiheit, die Uhr nach seinem Leben auszurichten, ohne dass andere davon in Mitleidenschaft gezogen wurden. Dass Thorson jetzt knurrte, bedeutete nicht, dass er missgelaunt war, denn in solchen Fällen sagte er gar nichts. Er nahm sich die Zeitung vom Schreibtisch, die er scheinbar schon kannte, und schlug zielsicher eine Seite auf.

»Aber etwas erhellt mir den Tag. Hör dir das mal an, Peter!« Thorson grinste breit, als er den Artikel in der Tageszeitung fixierte. »›In einem Strandabschnitt auf der Insel wird seit gestern gehäuft von Bernsteinfunden berichtet‹ ... bla, bla, bla«, er suchte weitere wichtige Stellen in dem kurzen Text, »… ›was dazu führte, dass noch am Abend viele Interessierte den Strand bevölkerten.‹ Da war dein Herr Fischer bestimmt auch dabei und wird sich dunkel an einen Polizisten erinnert haben, der so etwas sagte wie: ›Bernstein, hier auf der Insel? Mann, sind Sie bescheuert, Sie Depp.‹«, Thorson sah Brunwald provokativ über den Rand der Zeitung hinweg an. »Mann, sind Sie bescheuert, Sie Depp, Herr Jürgen Thorson!«, war der einzige Kommentar Brunwalds, den Thorson ihm entlocken konnte.

Fritz Gehling versuchte, die Situation aufzulösen, und testete an: »Wieso haben Sie schlecht geschlafen? Haben Sie etwas Schlechtes geträumt?«

»Erst hab ich von meinem Vater geträumt, dann bin ich im Meer ertrunken, das war wirklich mies.« Er schenkte sich einen Becher Kaffee ein und wischte sich mit seiner freien Hand über das Gesicht, was ein kaum wahrnehmbares Bartrascheln verursachte – scheinbar hatte er sich noch nicht rasiert.

»Von Ihrem Vater?«, wollte Gehling wissen, gespannt, endlich etwas über Thorsons Familie zu erfahren. Sofort traf ihn ein böser Blick von Brunwald. Ohne es zu wissen, war Gehling wohl in ein Fettnäpfchen gestolpert. Doch Thorson reagierte gelassen, was Brunwald äußerst verwunderte.

»Ja, er ist vor, wie alt war ich da? Acht oder neun – also vor ein bisschen mehr als dreißig Jahren mit einem Segelboot hinausgefahren und ist seitdem verschollen. ›Verschollen‹ heißt es, weil seine Leiche nie gefunden wurde. Er ist in einen plötzlichen Sturm geraten und wohl gekentert.« Er nahm einen tiefen Schluck von dem viel zu heißen Getränk. »Dabei hatte er mir immer vom Meer erzählt und wie gefährlich es ist.« Er nahm noch einen großen Schluck, so als hätte er den ersten, viel zu heißen bereits vergessen. Er schien die Gedanken abzuschütteln und schritt zu der kleinen Sitzgruppe hinüber. »Übrigens«, fügte er als perfekten Übergang zwischen vorheriger Geschichte und Tagesgeschehen an, »da zieht ein ordentlicher Sturm auf, der ist schon in ein paar Stunden hier.«

»Aber die Wettervorhersage hat gar keinen Sturm angesagt.«

»Die Wettervorhersage kannst du vergessen, Fritz. Du hast hier Petrus persönlich sitzen«, grinste Brunwald.

»Mir scheint, wir haben gestern viele neue Erkenntnisse gesammelt«, begann Thorson endlich die offizielle Morgensitzung.

TOTALE NACHRICHTENSPERRE

Fünf Männer standen auf dem Rollfeld des Bremer Flughafens, zwei von ihnen in alltäglichen Anzügen. Die anderen drei trugen eine Kombination aus militärischem Kampfanzug und einem Wingsuit, den Basejumper tragen, um beim Sprung mehr Auftrieb zu erhalten und somit fliegend zur Erde zu stürzen.

Dabei schienen die Männer im Anzug in der Position zu sein, sich erklären zu müssen. Im Hintergrund stand ein Flugzeug, das aussah, als wäre es gänzlich in Luftpolsterfolie eingeschlagen. Geschäftiges Treiben von Militär und Menschen in Schutzanzügen zeigte an, dass es nicht zum Spaß eingepackt war.

»Mittlerweile sind fast fünfzehn Stunden vergangen, nachdem der führerlose Airbus durch das Instrumenten-Lande-System sicher auf dem Flughafen Bremen aufsetzte, gebremst wurde und auf der Start- und Landebahn zum Stehen kam«, begann der Präsident des Bremer Senats, der allgemeinhin Bürgermeister genannt wurde. Der andere Mann im Anzug, der Sicherheitschef des Bremer Flughafens, sprang ein: »Die Funkversuche durch den Tower blieben unbeantwortet. Die Flughafenfeuerwehr untersuchte mit den entsprechenden Instrumenten und hoher Vorsicht ein großes Spektrum an Chemikalien und Radioaktivität in der Umgebungsluft. Alle Messungen waren negativ. Mithilfe eines Hubfahrzeugs schaute die Feuerwehr direkt ins Cockpit.«

Der Sicherheitschef stockte kurz: »Ich wurde dazugerufen. Der Anblick war verstörend. Ich konnte zwar in das Cockpit hineinsehen, jedoch war im Innenraum alles mit einer blaugrünlichen Schimmelschicht überzogen, das galt auch für den Gastraum. Körperumrisse waren zu erahnen, jedoch konnte sich niemand einen

Reim auf diesen Schimmelteppich machen. Wir entschieden uns, den Airbus an einen sicheren Ort zu schleppen und das Flugzeug nicht zu öffnen. So wurde das Flugzeug ans Ende des Rollfeldes 23, einem nicht regelmäßig genutzten Rollfeld, gezogen.«

Der Bremer Bürgermeister vervollständigte: »Nach der Meldung des Sicherheitschefs waren innerhalb kurzer Zeit Dekon-P-Fahrzeuge vor Ort, die die unklare Lage weiter begutachteten. Diese lösten bald die höchste Schutz- und Versorgungsstufe IV aus. Damit wurden die sogenannten ABC-Spezialkräfte aktiviert. Speziell ausgebildete Feuerwehrmänner gehören zur ATF, der ›Analytischen Task Force‹, mit besonders ausgestatteten Fahrzeugen. Von nur sieben Standorten in Deutschland wurde Hamburg ausgewählt. Die kaum eine Stunde später eingetroffenen Spezialisten waren wiederum ratlos und aktivierten bald den Katastrophenschutzplan ›Bio-Terrorismus‹, womit der Bundesinnenminister und die Bundeswehr von mir alarmiert wurden.«

Der Sicherheitschef ergänzte: »Es wurde eine totale Nachrichtensperre verhängt. Obwohl oder gerade weil der Regelbetrieb des Flughafens aufrechterhalten wird und das abseits stehende Flugzeug gut aus der Luft zu erkennen war, schien keine Presse vor Ort zu sein. Hilfreich war sicherlich das abgeschirmte Gelände des internationalen Flughafens.

Bald schon traf eine militärische Spezialeinheit ein, es wurde ein Krisenstab gebildet und mögliche Vorgehen besprochen, obwohl nicht klar war, was im Inneren des Flugzeugs geschehen war, was sich dort befand und woher es stammte. Neben Nachforschungen zu der gecharterten Maschine wurde ein Bio-Waffen-Spezialist kontaktiert. Ein Wissenschaftler, der, gemeinsam mit einem jüngeren Kollegen, Bio-Waffen-Abwehr-Forschung betreibt. Herr Storz und Herr Mumtaz waren jedoch nicht zu erreichen und sind seit knapp zwei Tagen nicht auffindbar.«

Endlich reagierte einer der drei Männer im Kampfanzug und sprach in einem eigenwilligen Akzent, der an eine Mischung aus einer skandinavischen Sprache und Englisch erinnerte. Dabei wirkten die Wörter ein wenig abgehackt. »Storz. Mumtaz. Analysen, Zeitgefährten.« Er blickte zu den anderen beiden Männern im Kampfanzug. Ohne den Blick zu erwidern, sagte einer der beiden im gleichen Akzent: »Okkupation. Erforderlich, wie zuvor analysiert.« Auch der dritte Mann der Gruppe schaltete sich mit einigen Wortfetzen ein: »Projektgefährdung durch Okkupation minimiert. Eingriff in vollem Umfang legitimiert. Sequenz starten.«

Der Bürgermeister und der Sicherheitschef tauschten unsichere Blicke aus. Noch vor einigen Minuten hatten sie noch nicht aus konkretem Anlass mit dem Einsatzverband ›Globale Terrorabwehr‹ zu tun gehabt. Seit einigen Stunden bevölkerten nun schon Spezialeinheiten den Flughafen. Dieser Einsatzverband schien jedoch die Spitze der Kompetenzhierarchie darzustellen. Die höchsten staatlichen und internationalen Stellen wiesen diesen Einsatzverband mit allen notwendigen Kompetenzen aus. Dennoch fühlte es sich für beide merkwürdig an.

Der erste Mann holte wortlos eine Art Handy aus der Tasche und drückte ein paar Tasten. Er blickte sachlich zu dem Bürgermeister und sagte: »Entschuldigen Sie uns. Wir lassen Sie jetzt alleine. Genießen Sie den Moment.« Dem Mann huschte so etwas wie ein süffisantes Lächeln über das Gesicht. Dann flackerten die drei Männer im Kampfanzug auf wie Glühlampen und verblassten schnell, sodass sie erst schwarz-weiß wurden, dann hellgrau. Danach verpixelten sie. Wie bei einer Wunderkerze sprangen die letzten materialisierten Teile leuchtend in alle Richtungen. Bürgermeister und Sicherheitschef standen mit offenem Mund bewegungslos auf dem Rollfeld. Das metallisch-singende Geräusch nahmen sie zunächst nicht wahr. Doch es schwoll immer weiter an. Auch die anderen Mitarbeiter schienen es zu bemerken, denn sie blieben stehen und schauten sich um. Das Letzte, was die Menschen vor Ort hörten, war ein scharfes, saugendes Geräusch. Danach waren sie bereits in einzelne Atomteilchen zerlegt.

Ein Außenstehender hätte nur ein recht kurzes Spektakel erleben können. Dem saugenden Geräusch folgte ein Lichtblitz, der so kurz war, dass ein menschliches Auge ihn nicht wahrnehmen konnte. Dieser Lichtblitz war jedoch so hell und heiß, dass alles, was sich in der Kernzone befand, in Nichts auflöste – oder, besser gesagt, in ihre atomaren Bauteile.

Danach befand sich dort, wo vorher das Flugzeug gestanden hatte, ein kleiner, flacher Krater mit komplett gleichmäßigen, schimmernden Kraterwänden. Körper, die größtenteils aus Wasser bestanden, wie zum Beispiel Menschen, wurden noch in einigen Duzend Metern um die Kernzone verdampft. Ein unglaublicher Donnerknall erschütterte Bremen. Scheiben gingen zu Bruch, es gab Schäden wie nach einem kleinen Erdbeben. Wenige Kollateralschäden waren zu beklagen, nur einige Hirnblutungen, Blindheit, Taubheit oder Lungenversagen – durch den Lichtblitz und die Druckwelle. Alles in allem wurde der Einsatz vom ›Einsatzverband Globale Terrorabwehr‹ als erfolgreich eingestuft.

HERR FISCHER ERFÄHRT ETWAS ÜBER DAS MEER

Der Wind des plötzlich aufgekommenen Sturms zerzauste Thorsons Haare. Er klopfte an die Tür eines Wohnwagens, an dem ein Schild mit der Aufschrift ›Pikku Mökki‹ hing. Der kleine Wohnwagen quietschte, als sich Herr Fischer im Bett aufrichtete. Es war schon hell und Rexo schaute hoffnungsvoll auf, als sein Herrchen einige gequälte Laute von sich gab. Ihm war heute ganz und gar nicht nach Besuch zumute. Denn wenn sich die Geschehnisse der letzten Tage im gleichen Maße weiterentwickelt hätten, dann müsste der Strand aus Bernstein bestehen und Hunderte von nackten Leuten säßen schweigend mit Messer und Gabel bestückt am Meer und versuchten, den braunen Steinteppich zu verspeisen.

Nach einem Moment klopfte Thorson noch einmal. Die Tür öffnete sich und hinaus blickte ein bleicher, müder Mann: »Oh, Guten Tag Herr Kommissar, ich dachte erst, es sei der Wind«, sagte Herr Fischer matt.

»Ich glaube, Sie brauchen ein bisschen frischen Wind um die Nase, Herr Fischer«, gab Thorson forsch von sich.

»Wieso, hab ich was angestellt?«

»Ja und nein. Es geht um die Bernsteinsuche.«

Herrn Fischer schienen in diesem Moment alle Gesichtszüge zu entgleisen. Er flüsterte nur: »Einen Moment, ich ziehe mir etwas Ordentliches an.«

Ein paar Minuten später standen sie auf der höchsten Stelle der Düne zur offenen See. Der Wind schlug ihnen ins Gesicht. Das Meer war noch gar nicht wieder auf einen Sturm eingestellt.

Nur langsam wurde die See wütend. Das Wasser war noch weit vom Strand entfernt und die Wellen fingen erst jetzt an zu brüllen. Thorson genoss die Kraft. »Mein Vater hat früher immer gesagt, dass man das Meer lesen muss. Es hat eine Seele und einen Leib, in den muss man sich hineindenken.«

Herr Fischer sah ihn von der Seite fragend an. Doch Thorson schien den Satz ohnehin nur für sich laut gesagt zu haben. »Was wissen Sie von gestern, Herr Thorson?«, fragte Herr Fischer.

»Was heißt wissen? Ich dachte nur, Sie wären bestimmt auch bei dem ›Bernstein-Spektakel‹ gewesen. Ich hab davon in der Zeitung gelesen.« Erst jetzt bemerkte Thorson das verwirrte Gesicht, das ihn unglücklich ansah.

EIN LANGER ANRUF

»Buchner?« Endlich war Brunwald mit dem Professor verbunden. Seit gestern Nachmittag hatte er vergeblich versucht, Buchner zu erreichen.

»Hallo. Brunwald mein Name. Ich arbeite bei der Polizei auf Sylt. Wir haben mit dem Fall rund um *Horizont Atlantis* zu tun. Gestern hatte Sie deshalb Fritz Gehling besucht. Dürfte ich Ihnen noch ein paar Fragen stellen?«

»Ach, der Herr Gehling. Netter junger Mann. Fragen Sie, fragen Sie«, war die einfache Antwort.

Peter Brunwald entschied sich dafür, mit der Tür ins Haus zu fallen und direkt zu sein: »Herr Gehling hatte erwähnt, dass er die Kürzel ›WA 22‹ bei Ihnen in den Aufzeichnungen gesehen hatte. Sie hatten aber davon nichts weiter in den Erklärungen erwähnt. Haben Sie dazu noch mehr Informationen?«

Brunwald merkte, wie Buchner innerlich zögerte, dann sagte er: »Meine Offenheit, ihn in meine Aufzeichnungen sehen zu lassen, hat Herrn Gehling anscheinend dazu verleitet, noch mehr zu spicken. Warten Sie, ich hole das Buch. Ich habe vor vierzig Jahren viele Kleinigkeiten notiert, zu denen es nicht unbedingt schlüssige Bezüge geben muss.«

Brunwald hörte, wie Buchner den Hörer auf den Tisch legte und aus seinem Sessel aufstand. Nach einiger Zeit kehrte er wieder zurück und griff den Hörer. »Hören Sie? Ich habe Folgendes dazu geschrieben … Meine Augen … Hätte ich früher doch größer geschrieben … Die Kombination ›WA 22‹ fand sich im Prozess überall dort, wo Frau Petersen saß. Sie ritzte es heimlich in Tische und schrieb es zur Unterschrift hinter ihren Namen. An anderer

Stelle schrieb sie einmalig ›WA 22 foul‹.« Buchner holte Luft. »Ich habe nie herausgefunden, was das bedeutete, wobei ich weder die Muße hatte noch die Notwendigkeit sah, danach zu suchen.«

»Professor Buchner, ich sitze gerade am Computer und gebe ›WA 22 foul‹ ein. Gestern hatte ich bereits danach gesucht, wobei ich eine Straße und einen Flugplatz im Bundesstaat Washington mit dem Kürzel gefunden habe.« Brunwald schrieb auf der Tastatur. »Hier. ›Foulweather Bluff‹. Eine Klippe direkt an der Wasserstraße ›Puget Sound‹.«

Brunwald fühlte ein gespanntes Kribbeln. Er gab in die Kartenfunktion von Google ›Foulweather Bluff‹ ein und erhielt eine Kartenmarkierung direkt neben dem privaten Flugplatz Mirth, mit der Kennung ›WA 22‹. »Das kann doch kein Zufall sein. Professor Buchner, haben Sie etwas über einen Flugplatz mit dem Namen Mirth, eine Ortschaft namens Hansville oder die Stadt Seattle in Ihren Aufzeichnungen? Irgendetwas zeigt dorthin.«

Buchner schien sich darauf einzulassen und begann zu blättern. Nach einer Zeit setzte Buchner wieder an: »Eine der Klägerinnen in dem Prozess gibt an, Odin Thorson in Seattle das erste Mal getroffen zu haben.«

Brunwald war in doppelter Hinsicht verwirrt. »Was sagten Sie? Odin Thorson? Das ist aber ein ungewöhnlicher Name.«

»Ja«, antwortete Buchner, »das fand Ihr Kollege von gestern auch. Aber wieso fällt Ihnen denn Thorson so besonders auf? Nur weil der Vor- und der Nachname aus Gottheiten der nordischen Sagenwelt zusammengesetzt sind?«

Brunwald verneinte: »Nein, Herr Buchner. Thorson heißt mein Chef. Aber merkwürdig finde ich, dass mir Fritz Gehling gesagt hatte, dass Sie als Religionswissenschaftler kein Interesse an den Einzelpersonen hätten und somit nicht mit Namen dienen könnten.«

Buchner hörte sich empört an. »Sicherlich, es geht mir nicht, wie in der ›Yellow Press‹ um irgendwelche Geschichten, aber die Personen hinter den – gerade kleinen – Sekten können immer wieder in anderen religiösen Zusammenhängen auftauchen. Deshalb bin ich dort schon recht akribisch. Insbesondere wundert es mich, da ich mit Herrn Gehling eine ganze Zeit lang über die Protagonisten der Sekte, auch namentlich, sprach.«

Während Herr Buchner eher pikiert war, dass Fritz einen Teil der Konversation nicht weitergegeben hatte, zog sich Peter Brunwalds Magen zusammen. Er hatte sofort ein mulmiges Gefühl in Bezug auf seinen Freund Fritz. Beklommen fragte er weiter: »Welche Namen sind denn gestern gefallen und in welchem Zusammenhang standen sie zu *Horizont Atlantis*? Es wäre mir eine große Hilfe, wenn Sie mir diese Informationen erneut weitergeben würden.«

Brunwald versuchte, für seine Verhältnisse möglichst diplomatisch die Wichtigkeit der Informationen herauszustellen. Buchner schien es zu bemerken und reagierte sofort sehr offen und erklärend. »Der Fall rund um *Horizont Atlantis* ist schon etwa vierzig Jahre her. Es ging darum, dass drei Frauen mit einem selbst ernannten Sektenoberhaupt intim zusammenlebten. Das war zu der Zeit sittlich sehr verwerflich, zumal alle drei Frauen zur gleichen Zeit schwanger wurden und ihre Kinder gemeinsam voller Stolz austrugen.

Die Eltern der jungen Frauen taten sich zusammen und zeigten Odin Thorson, den Sektenführer, wegen Freiheitsberaubung und Missbrauch an. Unabhängig vom Wahrheitsgehalt und der moralischen Ressentiments war es ein gefundenes Fressen für die Presse. Über die lokalen Zeitungen hinaus wurde *Horizont Atlantis* bekannt als ›Sex-Sekte‹ und ›Hippie-Religion‹.

Die vier waren deutlich bemüht, nicht so hohe Wellen in der Presse zu schlagen. Innerhalb kurzer Zeit heiratete Odin Thorson eine der Frauen. Mona Petersen, die Frau, die das ›WA 22‹ überall hinterließ, heiratete ebenfalls bald, jedoch scheinbar niemanden aus dem Umfeld der Sekte. Sein Name war Mumtaz. Die dritte Frau verschwand, noch schwanger, aus den Medien, ohne dass ich zu Namen oder Verbleib etwas sagen könnte. Der ›Schachzug der Vermählungen‹ war äußerst effektiv. Schon kurze Zeit später konnte sich niemand mehr an die Sekte *Horizont Atlantis* erinnern, das Interesse der Presse war verschwunden. Da es zu der Zeit noch keine digitalen-soziale Netzwerke gab, verlaufen sich die Spuren im Sand der vergilbten Artikel von Zeitungsarchiven, bis zu dem Tag, als Sie die tätowierte Leiche fanden.«

Auch, wenn es Buchner vielleicht nicht interessierte, fasste Brunwald seine Gedanken zusammen: »Vielen Dank, Herr Buchner, aber für mich hat die ganze Geschichte eine persönliche Ebene erreicht. Mein Chef und freundschaftlicher Kollege hat den gleichen Nachnamen wie das Sektenoberhaupt, das verschollen ist. Zudem, das wissen Sie gar nicht, hat Jürgen Thorson – festgestellt aufgrund eines DNA-Tests – den gleichen Vater wie Fritz Gehling. Wir waren alle irgendwie noch immer von einem technischen Fehler ausgegangen.

Und sollte Jürgen eines der drei Sektenkinder sein, dann ist es Fritz auch. Da Fritz mir Namen vorenthalten hat, muss ich von meinem Freund annehmen, dass er Wissen besitzt, das er mir und der Polizei verheimlicht. Tut mir leid, Herr Buchner, dass ich Sie an meinen Gedanken teilhaben lasse, die zudem sicherlich auch noch ermittlungstechnisch relevant und somit nicht für Ihre Ohren bestimmt sind, aber diese Situation brauchte ein Ohr.«

Nachdem Professor Buchner still zugehört hatte, sagte er: »Wenn mir Herr Gehling etwas aus meinem Notizbuch abgeguckt hat, dann kann ich mich revanchieren. Herr Gehling fragte mich explizit im Zusammenhang mit der Sekte nach einer Helga Zirzewangen. Falls

Ihnen der Name etwas sagt, dann freue ich mich, wenn ich Sie unterstützen konnte.«

Sie beendeten das Gespräch. Ja, der Name half Peter Brunwald tatsächlich, erinnerte er sich doch nun wieder, wie vor zwei Tagen die merkwürdigen Verknüpfungen mit dem Toten am Meer und Fritz Gehling begonnen hatten. War also, wenn Fritz davon sprach, dass er als Waisenkind aufgewachsen war, Helga Zirzewangen die dritte, verschwundene Frau und Fritz ihr Sohn, mit dem sie nun wieder Kontakt aufnahm?

Was wusste Fritz Gehling, was Brunwald nicht wusste? Spielte Jürgen Thorson ein Spiel oder war er wirklich eine der unwissenden Hauptpersonen im Netz der Sekte? Wer war das dritte Kind? Fragen, die einfach in seinem Kopf aufflackerten. Doch dann drang eine weitere Frage in sein Bewusstsein: Was ist mit *Foulweather Bluff* und dem Privatflugplatz Mirth auf der Halbinsel gegenüber von Seattle? Er hatte keinen dienstlichen Kontakt dorthin, es ging um ein Gebiet von vielen Quadratkilometern auf der anderen Seite der Welt und letztlich wusste er ja nicht einmal, was dort gesucht werden sollte. Vielleicht war es ein Versteck der Sekte, aber wahrscheinlich war dieses heute nicht mehr existent. Es waren Geister denen er nachjagte, dennoch hatte er so ein bestimmtes Gefühl, das ihm sagte, ›WA22‹ sei ein Puzzleteil mit Schlüsselfunktion.

Peter Brunwald griff zum Telefon und überlegte, wen er zuerst versuchen sollte anzurufen, als sein Kollege ein ziemlich gutes Timing bewies.

»*Horizont Atlantis* ist hier auf der Insel«, rief Thorson außer Atem, als er ins Büro gestürzt kam. Brunwald versuchte, die Ruhe zu bewahren. »Jürgen, tu mir bitte den Gefallen und setz dich. Wenn du erst weißt, was ich dir jetzt erzähle, dann ist es eher eine positive Nachricht, dass *Horizont Atlantis* hier auf der Insel ist.«

Thorson sah überrascht und besorgt aus. Nachdem Brunwald Thorson über das Telefonat und seine Gedanken aufgeklärt hatte, wurde Thorson mit jedem Satz blasser und murmelte, dass er mit seiner Mutter sprechen müsse. Er verließ das Büro noch aufgewühlter als zuvor, diesmal jedoch fast gespenstisch still.

EIN BRIEF

Nun wusste Brunwald, wen er anzurufen hatte. Er griff zum Telefonhörer, um Fritz Gehling zu erreichen, als plötzlich der Pathologe Harms mit einer hochgezogenen Augenbraue im Türrahmen stand. »Was war denn das?«, fragte er verdutzt, zeigte mit dem Daumen über seine Schulter und schien Thorson zu meinen, den er wohl noch im Treppenhaus getroffen hatte. Brunwald legte den Hörer auf und sagte: »Das ist eine wirklich, wirklich lange und schräge Geschichte – bis jetzt. Und ich glaube, es wird noch besser. Aber Harms, was machen Sie denn hier und nicht in Ihrer gebohnerten Halle?«

Harms lächelte nur sparsam. »Ich bin hier, damit ich Ihnen deutlich sage: Ja, es wird noch besser. Sie können aufhören, nur daran zu glauben.« Damit warf er Brunwald einen Briefumschlag auf den Schreibtisch, auf dem in einer sauberen, femininen Handschrift nur der Name *Jürgen Thorson* stand. Der Brief war offen. »Gucken Sie nicht so«, sagte Harms vorwurfsvoll, »Thorson hatte mir vorhin sein ›OK‹ per Telefon gegeben, dass ich den Brief öffnen darf, der aus irgendeinem Grund in meinem Briefkasten lag. Nun wollte ich ihn Thorson sofort zeigen, aber irgendwie schien er in einer anderen Welt zu sein. Wobei sich sein Befinden sicher nicht verbessern würde, nach der Lektüre dieses Briefes.«

Brunwald schaute den Brief an, dann Harms, der ihm leicht zunickte. Er verstand es als Aufforderung, den Brief zu lesen.

»Einen Moment noch, Brunwald«, gab Harms zu bedenken, »er wird Ihre Sichtweise auf die Dinge sicherlich verändern. Und falls Sie noch keine Nachrichten gehört haben, auf dem Flughafen in

Bremen soll nach Angaben der Medien die *People's Force* ein Flugzeug gesprengt haben.«

»Nicht schon wieder«, antwortete Brunwald schockiert. Harms verzog irgendwie mitleidig das Gesicht.

»Die Information habe ich Ihnen nicht gegeben, damit Sie betroffen sein sollen, sondern eher als Hintergrundinformation für diesen Brief.« Harms zeigte vor Brunwald auf den Tisch. Er wusste nicht, ob sein Magen und seine leicht zittrige Verfassung noch einen Paukenschlag vertragen konnte, doch es blieb ihm ohnehin nichts anderes übrig, als den handgeschriebenen Brief aus dem Umschlag zu nehmen, ihn zu entfalten und zu lesen.

»Lieber Jürgen, auch wenn wir uns nicht kennen und noch nie gesehen haben, sind wir verwandt. Irgendwie. Leider werden wir uns nicht mehr kennenlernen, denn wenn du diese Zeilen liest, bin ich – und achtundvierzig weitere Halbschwestern von dir – bereits tot. Ich hoffe es zumindest sehr, denn wenn irgendwo ein Flugzeug in den letzten Stunden abgestürzt oder explodiert sein sollte, dann habe ich die Welt gerettet.
Doch ich muss wohl viele Jahre vorher beginnen, etwa zehn Jahre, bevor ich entstand. Es geht um deinen Geburtstag. Innerhalb von einigen Wochen wurden von drei Frauen drei gesunde Jungen geboren. Sie alle wurden gezeugt vom ›Meister‹. Unter dem Namen habe ich ihn kennengelernt. Erst viel später erfuhr ich seinen richtigen Namen: Heinrich Storz oder Odin Thorson, wie er hieß, bevor er eine neue Identität annahm – also dein Vater.
Du, Jürgen, wie auch die anderen beiden Jungen sollten aus dem Umfeld des Meisters ferngehalten werden, denn ihr spielt eine entscheidende Rolle in der Ideologie von Horizont Atlantis. *Gemeinsam mit euren Müttern und dem Meister seid ihr die sieben Auserwählten, um die erste Generation auf Atlantis zu bil-*

den. Ich glaube, dass es verwirrend klingt, jedoch wird es noch komplexer.
Wenige Jahre nach eurer Geburt fertigte der Meister menschliche Klone von jedem von euch in größerer Anzahl an. Er hatte bereits vor etwa fünfunddreißig Jahren das geschaffen, was noch bis heute – als ethisch verwerflich – unberührt blieb: das menschliche Klonen. Der »Meister« ging dabei sehr wissenschaftlich vor, die hohe Anzahl der ›Kopien der Auserwählten‹ dienten dem Zwecke der Forschung, welche Kinderkrankheiten das Klonen mit sich brachte. Tatsächlich erlagen viele der Klone genetischen Krankheiten, Deformationen von Organen oder Krebs.
Nach einigen Jahren sollte das Projekt auf die nächste Stufe geführt werden. Der Meister brauchte eine Armee, um weibliche Seelen nach Atlantis zu steuern und die Welt zu vernichten. Odin Thorson täuschte einen Segelunfall vor und konnte sich nun als Heinrich Storz ganz seiner neuen und erfüllenden Aufgabe widmen. Der Meister stellte sechzig Mädchen durch außerkörperliche Fertilisation her. Die Idee des Klonens war, trotz aller Genialität, noch zu unsicher. Er brauchte am wichtigsten Tag, genau heute, neunundvierzig von ihnen als gesunde Frauen, der Rest war eine Art medizinische Sicherheit, da einige von ihnen sterben würden.
Ich gehörte zu den neunundvierzig Auserlesenen. Vielmehr hatte ich eine noch größere Aufgabe, ich sollte die Frau eines der Auserwählten werden. Alles wurde arrangiert, sodass die drei Auserwählten, obwohl immer unter strenger Beobachtung, nichts davon erfuhren. Auch du, Jürgen, warst nie frei in deinem Leben und deinen Entscheidungen, glaube mir.
Ohne es zu wissen – denn für uns Auserlesenen existierte ja keine andere Realität als die, in der wir groß wurden –, wuchsen

wir unter menschenverachtenden Bedingungen auf einer Art ›Menschenfarm‹ in der Nähe von Seattle auf. Unsere Aufträge wurden uns in unsere Gehirne gebrannt. Es war insbesondere uneingeschränkter Gehorsam gegenüber der Familie der Wahrheit. *Dies sind die Unterstützer und Mitwisser von* Horizont Atlantis.

Als menschliche Maschinen wurden wir in die ganze Welt entlassen zu den Menschen, die unsere Eltern spielten. Dort lebten wir ein unauffälliges Leben als Schläfer im Netz der Familie der Wahrheit.

In den letzten Monaten wurden wir aktiviert. Uns wurde der Same des Meisters eingepflanzt, damit wir eine Frucht in den siebten Zyklus tragen können, während unsere Seelen nach Atlantis getragen werden.

Weltlich gesprochen ist also jede der neunundvierzig Auserlesenen, meist durch eine Spermieninjektion in einer Klinik, vom eigenen Vater schwanger. Nun wartet auf uns die Übergabe der Schatullen, in denen sich irgendein hochgiftiger Stoff befindet. Indem wir danach wieder in unsere ›Heimatorte‹ aufbrechen, verteilen wir das Gift auf dem ganzen Erdball.

Wir und der größte Teil der Weltbevölkerung wird zugrunde gehen, womit sich der Meister rächen will, da seiner Ansicht nach die Menschen der Grund waren, dass die Atlanter aus Atlantis vertrieben wurden.

Aufgrund meiner Liebe zu dem Auserwählten Christoph Mumtaz – und wahrscheinlich einem Teil meiner Veranlagung – bin ich die Einzige der Auserlesenen, die Horizont Atlantis *hinterfragt. Heimlich und sehr vorsichtig habe ich versucht, hinter die Ideen des Meisters zu schauen. Doch leider wurde ich daraus nicht schlau. Ich wusste, nachdem ich erfuhr, was der Meister mit der Menschheit vorhatte, dass die einzige Chance, die Welt zu retten, darin besteht, zum richtigen Zeitpunkt zu handeln. Ich muss meinem Schicksal in die Augen schauen und darf nicht egoistisch handeln. Ich muss die Auserlesenen stoppen, bevor wir alle auseinandergehen.*

Im ganzen Gefüge der Familie der Wahrheit *sah ich nie Unstimmigkeiten. Jedoch gab es ein wiederkehrendes Element, das nicht ins Bild der absoluten Allmacht des Meisters passte. Schon auf der ›Menschenfarm‹ begleiteten den Meister immer wieder drei Männer in besonderen Kampfanzügen, zu denen er aufsah und keine Widerworte gab. Im Laufe der Jahre habe ich sie immer einmal wieder gesehen, jedoch nie direkt mit ihnen Kontakt gehabt. Ich frage mich: Welche Rolle spielen diese Männer bei* Horizont Atlantis*?*

Jürgen, meine Aufgabe ist klar, deine Aufgabe wird sein, am Abend des Wechsels des Zyklus die heilige Zahl sieben zu durchbrechen. Der Meister, seine drei Frauen und ihr drei Auserwählten sollt als erste neue Generation nach Atlantis gehen. Dabei werdet ihr gemeinsam ins Meer steigen und direkt dorthin überführt werden. Wenn du, Jürgen, nicht vor Ort bist, dann kann die heilige Sieben nicht erreicht werden, der Meister kann es nicht zulassen und wird den Weg alleine antreten müssen. Ihr würdet besser daran tun, den Meister ziehen zu lassen, als ihn zu verhaften. Denn er ist ebenso gefährlich wie genial und würde früher oder später neue Ideen entwickeln.

Lass es dir gut ergehen und drücke die Daumen, dass wir uns nicht auf Atlantis wiedersehen. Okay? ☺

Deine Tracey Mumtaz«

EIN GESPRÄCH UNTER FREUNDEN

»Nette kleine Geschichte«, sagte eine Stimme. Brunwald schreckte vom Brief auf. »Fritz, wie lange stehst du denn schon in der Tür?« Harms bewegte sich nicht, nur seine Augen bewegten sich zu der gerade sprechenden Person.

»Schon lange genug, um mein Bild von *Horizont Atlantis* zu verfeinern. Aber um ehrlich zu sein, Peter, ist mir die ganze Psychoscheiße der Sekte komplett egal. Ich weiß auch nicht, warum. Wahrscheinlich, weil ich über die Jahre zu einem gefühlskalten Arschloch geworden bin, der jetzt vor seinem einzigen Freund steht und ihm wieder sagen muss, dass er ihn belogen hat.« Fritz Gehling machte ein angewidertes Gesicht, vielleicht aus Ekel vor sich selbst. Brunwald blieb sehr sachlich, wie schon so oft, wenn er von Fritz enttäuscht worden war. »Dass du schon wieder so ein Ego-Ding durchziehst, ist mir wirklich erst vor ein paar Minuten aufgefallen, als ich mit Professor Buchner telefonierte und mir auffiel, dass du mir Namen verheimlicht hast. Bin ich einfach nur blind und dämlich oder wie lange läuft das schon?«

Brunwald zeigte zum Selbstschutz ein gleichgültiges Gesicht; wie es in ihm aussah, konnte man nicht ablesen. Fritz Gehling sah Harms an, der noch immer regungslos nur ein Stück neben Gehling stand, doch Notiz nahm er von ihm kaum. »Eigentlich habe ich mich dazu erst im Gespräch mit Buchner entschieden. Mit meiner journalistischen Kombinationsgabe, die ich ja – trotz fehlender sozialer Kompetenzen – besitze, wurde mir klar, dass ich irgendeine wichtige Funktion in dem Sektenspiel besitze. Und mir wurde klar, dass Helga Zirzewangen meine Mutter ist und ich sie nicht zufällig getroffen habe.

Ich spürte etwas, das mich im Inneren berührte. Das erste Mal in meinem Leben fühlte ich Mutterliebe. Und dann wusste ich, dass ich sogar meinen Vater treffen könnte, das Sektenoberhaupt.

Wir können zusammen sein, als Familie, egal wie lange und zu welchem Preis. Ich will dieses Gefühl erleben, auch auf Kosten der Wahrheit, auch auf Kosten unserer Freundschaft. Wobei ich dich bitte, dass du mir irgendwann verzeihst.«

Brunwald antwortete nicht, er schaute nur verletzt auf den Tisch vor sich. Fritz Gehling setzte noch einmal an, nun in einem sehr sachlichen Ton: »Ihr wisst sicherlich, dass es nicht ausreicht, euch zu sagen, dass ihr mir nicht folgen sollt. Aus diesem Grund muss ich eure Teilnahme an der Party hier schon beenden, in der Ausnüchterungszelle.«

Harms mischte sich ein: »Korrekt heißen die vier Zellen ›Gewahrsamsraum‹ – also nur mal so, als kleine Information am Rande.«

Anders als im Kinofilm gab es kein Handgemenge um irgendwelche Waffen, Ausbruchversuche oder wortreiche Diskussionen. Vielmehr legte Brunwald seine Dienstwaffe auf den Tisch und ging mit Harms auf direktem Wege zum Gewahrsamsraum. Brunwald hatte keinen Bedarf, seinen Freund Fritz zu erschießen, und er wollte ihm auch die Entscheidung abnehmen, selbiges tun zu müssen. Es war eine stillschweigende Übereinkunft. Die Tür fiel schwer ins Schloss.

THORSON BESUCHT SEINE MUTTER

Thorson war aufgebracht und schlug die Haustür zur Wohnung seiner Mutter laut zu. Er hatte keine Begrüßung für Anna Thorson parat, sondern platzte gleich mit seinen Gedanken heraus. »Mama, was ist hier los? Ich soll irgendein Zahnrad in der Sekte *Horizont Atlantis* sein und Papa das Sektenoberhaupt. Wenn das stimmt, dann hast du mich über Jahrzehnte hinweg angelogen.«

Die Mutter wirkte einige Momente lang wie versteinert, nur ihre Augen füllten sich mit Tränen. Dann hatte sie eine Entscheidung gefällt. »Jürgen, setz dich bitte, ich erzähle dir alles.« Anna Thorson versuchte, ihre erstickte Stimme zu festigen, und zeigte auf die Stühle im Flur. Es schien fast, als würde sie zusammenbrechen, so gequält ließ sie sich auf den Stuhl gleiten. »Ich war eine von drei Frauen, die deinem Vater in seiner Ideologie von Atlantis gefolgt ist. Odin war charismatisch und gut aussehend und wir wollten in unserem jugendlichen Freiheitsdrang den Zwängen entfliehen. Doch dann wurden alle drei jungen Frauen fast zur gleichen Zeit schwanger. Es begann eine Hetzjagd auf uns. So entschieden wir uns zu heiraten. Das, was alle als Sekte bezeichneten, löste sich auf, doch Odin und ich blieben zusammen, um dir, lieber Jürgen, eine gute Basis in einer Familienstruktur zu bieten.«

Thorson war ganz bei seiner Mutter, zögerlich, aber offen, und ergänzte: »Bis dann Papa starb.«

»Tja, Jürgen, das dachte ich auch. Doch gestern klingelte es und Odin stand vor meiner Tür, – nach 30 Jahren – dennoch habe ich ihn sofort erkannt.«

Thorson rutschte auf dem Stuhl nach vorn. »Wie, Mama, was meinst du mit: ›Papa war gestern da?‹«

»Er erklärte mir, dass er sich eine komplett neue Identität aufbauen musste, um *Horizont Atlantis* weiterzuführen. Dazu musste er sogar die Menschen wortlos verlassen, die er liebte, so versicherte er mir.«

Thorson hing an den Lippen seiner Mutter. »Und wie hast du reagiert?«

»Ich war verwirrt. Jahrelang hatte ich zwischen Trauer und Hoffnung gelebt, da doch Odins Körper nicht gefunden worden war. Endlich hatte ich den Tod akzeptiert, da steht mein Mann quicklebendig vor mir und versucht, mich um den Finger zu wickeln.«

»Und?«, forderte Thorson seine Mutter zum inhaltlichen Berichten auf.

»Er bot mir an, ihn auf seinem Anwesen zu besuchen, damit er mir ausführlich über seine Jahre mit der Idee *Horizont Atlantis* berichten könne. Zudem sagte er, dass die anderen Frauen – damals echte Freundinnen für mich – auch da sein würden.«

Das war Thorsons Zündung. »Was? Papa ist noch auf der Insel und du weißt, wo er sich gerade aufhält? Auch im Sinne meiner polizeilichen Arbeit müssen wir dort sofort hin. Mama, komm bitte mit, damit wir die ganze Wahrheit erfahren.«

Anna Thorson lächelte ihren Sohn an und nickte schwach.

DER TANZ BEGINNT

Jürgen Thorson und seine Mutter Anna gingen auf dem kleinen Fußweg zu dem großen, etwas abseits liegenden Reetdachhaus. Die Anspannung ließ sie schweigen. Der Wind pfiff ihnen um die Ohren. Endlich zerriss der graue Himmel in viele Fetzen. Der Kies unter ihren Füßen knirschte, ohne einen besonderen Rhythmus anzunehmen. Das Gras vor dem Haus wehte im Wind. Es hatte den Anschein, als würde es fließen, in jede Richtung schwappen.

Sie erreichten die Haustür. Sie standen tatsächlich vor der Haustür. Gleich würde er seinen Vater wiedersehen. Und gleichzeitig ging es um einen Mordfall, den Thorson aufklären sollte. Die Tragweite des Falls war ihm jedoch nicht einmal im Ansatz bewusst, war sein Verstand doch vernebelt von Emotionen und persönlichen Fragen. Die Entscheidung, ohne Unterstützung hier zu stehen, war zusammengefasst komplett töricht und tödlich.

Thorson klingelte. Ein sattes Ding-Dong drang trotz der massiven Holztür und dem scharfen Wind an ihre Ohren. Schon nach einem Augenblick wurde ihnen geöffnet. Fritz Gehling stand in der Tür. »Schön, dass ihr da seid«, sagte er ruhig mit einem süffisanten Grinsen. Thorson wusste nicht, was er erwartet hatte, aber das sicher nicht. Er war perplex. Diese Zeit nutzte Gehling, um ihn und seine Mutter ins Haus zu bitten, was beide annahmen.

Die Tür wurde geschlossen und als Nächstes geschah etwas, das Thorson erst recht nicht erwartet hatte. Anna Thorson nahm das getränkte Tuch, das ihr Fritz Gehling reichte, und drückte es ihrem Sohn auf Mund und Nase, während Gehling Thorsons Körper fest umklammerte und so auch seine Arme am Körper fixierte.

»Ruhig, Jürgen. Atme ganz tief ein, dann ist es viel leichter – für uns alle«, flüsterte Anna Thorson ihrem Sohn ins Ohr, während sich seine Muskeln schnell in der Bewusstlosigkeit entspannten. Obwohl Jürgen Thorson schon bewusstlos war, flüsterte Anna dennoch weiter in sein Ohr. »Ich habe immer auf dich achtgegeben, Jürgen. Für dich und für die *Familie der Wahrheit*. Lass uns nun den letzten Schritt gemeinsam gehen, der Meister wartet.«

GANZ WOANDERS

So, als ob sich die Natur entschieden habe, einige Moleküle aus den umliegenden Pflanzen herauszulösen und schwebend zu etwas Neuem zu vereinen, wurde das diffuse Funkeln zu einem durchsichtigen Nebel. Schon im nächsten Moment konnte man die Konturen von drei menschlichen Körpern erkennen, die schnell realer wurden und sich lautlos materialisierten. Nach nur einem weiteren Augenblick schien die Materialisierung mit einem leisen Geräusch, das sich anhörte, als ziehe jemand den Korken aus einer Weinflasche, abgeschlossen zu sein.

Dies geschah zwischen der Foulweather Bluff Road und der Skunk Bay Road ganz in der Nähe von Hansville, einem kleinen Örtchen in Washington, USA; vor einem großen Anwesen, das sich gut in die umgebende Natur einpasste.

»Status, Zeitwandler«, sagte eine der drei Personen, die alle ungewöhnliche militärische Kampfanzüge trugen.

»T minus fünfzehn Minuten für Startsequenz *Plasma-Core-Phasing* und nuklearer Detonation unterhalb der Sakhra«, sagte ein anderer in einem ungewöhnlichen Akzent.

»Projektanalysen definieren Abbruch des *Plasma-Core-Phasings* und Durchführung nuklearer Detonation für höchstmögliche global-religiöse Konfliktsituation«, analysierte der dritte Mann.

»Die Prophezeiungen sind zu gewährleisten.« Der erste Mann sprach den Satz, so als wäre es ein Sigel unter einem Dokument.

Wortlos gingen sie zur Eingangstür des Anwesens, das sie scheinbar gut kannten. Die schwer bewaffneten Wachen ließen sie sofort passieren. Im großräumigen Eingangsportal bestiegen die drei Männer eine Art offenen Lastenaufzug von der Größe eines kleinen Wohnzimmers. Einer der Männer drückte einen Knopf, worauf sich, unter metallischem Knacken, der Fahrstuhl in Bewegung setzte und nach unten fuhr.

Im ersten und zweiten Untergeschoss sah es aus wie in einem Hotel. Lange Flure zogen sich in drei Richtungen. Regelmäßig unterbrach eine Tür die Wand. Es wirkte schlicht, aber einladend. Im nächsten Untergeschoss änderte sich das schlagende Geräusch des Aufzugs. Der Schall konnte entweichen, wurde leise, aber hallte milde wider. Eine gigantische Ebene öffnete sich dem Betrachter; vielleicht mochte sie die Grundfläche eines halben Fußballplatzes haben und eine Raumhöhe von etwa zehn Metern. In dieser riesigen Halle standen Paravents, sodass sich Kojen bildeten, in der jeweils ein Bett, ein Schreibtisch und eine Truhe standen. Dieses Bild wiederholte sich sechzig Mal. Da hier nur eine Notbeleuchtung den Raum schummrig erhellte, war der hintere Bereich mit weiteren Tischen schwierig auszumachen.

Der Lastenaufzug rumpelte weiter. Das nächste Untergeschoss hatte wiederum eine normale Deckenhöhe und es führten auch hier Gänge zu zwei Seiten. Diese wirkten jedoch mit ihren dicken Türen und kargen Wänden wie Gefängnistrakte. Die Fahrt schien noch ein weiteres Stockwerk in den Untergrund zu gehen. Als der Aufzug in die nächste Ebene abtauchte, drangen lebendige Geräusche von außen herein. In einem schwach beleuchteten Raum, der die Größe eines traditionellen Kinosaals oder Hörsaals hatte und sogar ansteigende Sitzreihen im oberen Teil besaß, waren riesige Multimediawände installiert, die scheinbar das Herzstück dieses Kontrollzentrums bildeten. Die davor platzierten Schreibtische mit Computermonitoren gaben dem Raum eine kühle und blasse Färbung, genau wie den Menschen, die davor saßen. Es herrschte geschäftiges Treiben. Sicherlich waren fünfzig Personen stehend, sitzend, gehend in Aufgaben vertieft. Am Monitor lief ein Countdown, der gerade elf Minuten und einige Sekunden anzeigte.

Es war zudem eine Weltkarte mit Satellitenlaufbahnen zu erkennen, bei denen einige Punkte aufleuchteten. Eine weitere Weltkarte hatte einen roten Punkt auf der Inselgruppe Hawaii mit der Überschrift »Wellen-Amplituden«. Einige große Fernseh-News-Kanäle waren mit kleinen Bildern geschaltet. In der Mitte waren drei Live-Cams zu sehen. Eine zeigte scheinbar Honolulu mit Blick auf das Meer. Die anderen beiden zeigten die goldene Kuppel des Felsendoms in Jerusalem, eine von sehr nah, die andere aus der Vogelperspektive vom Ölberg aus über die ganze Altstadt.

Mit einem ruckelnden Geräusch setzte die Fläche des Aufzugs auf dem Boden auf. Einige Menschen drehten sich zu den drei Männern im Kampfanzug um und ein Raunen ging durch den Raum. Alle Anwesenden standen stramm und richteten sich zu den drei Männern aus.

Einer der Männer begann: »Segment Sakhra direkt umsetzen.«

Ein weiteres Raunen, diesmal des Unverständnisses, ging durch den Saal. Eine Stimme fragte aus dem Hintergrund: »Sie wollen den Felsendom hochjagen – vor der Ansprache des Meisters?«

»Ja«, antwortete der zweite Mann.

»Jetzt«, zischte der dritte Mann.

Ein Mitarbeiter riss sich von der Situation los und drückte einige Tasten vor seinem Monitor. Auf der großen Multimediawand ploppte ein weiterer Countdown auf, der bei zehn begann und schnell herunterzählte. Die Köpfe aller Mitarbeiter waren zur Multimediawand gedreht. Einige Sekunden lang herrschte gespenstische Stille.

Der Countdown blieb bei null stehen. Einen Moment lang schien nichts zu passieren. Dann zeigten die Jerusalemer Live-

Cams, wie die goldene Rundkuppel des Felsendoms einriss, in sich zusammenstürzte und der gesamte Bereich des Berges in sich zusammenzusacken schien. Nur einen Moment später fiel die nahe Kamera aus. Die weiter entfernte Kamera zeigte für einen kleinen Moment, wie Feuerbälle aus der Erde schossen, dann war der Monitor weiß durch den grellen Blitz. Ein paar Sekunden später wurde die Kamera scheinbar durch die Druckwelle umgerissen, sendete jedoch noch weiter. Dabei war lediglich ein Stück Straßenbegrenzung in Form einer massiven Steinmauer zu sehen und die weit entfernte Hügelkette. Die Hügel waren hell erleuchtet und selbst dort auf den Hügeln sah es so aus, als brannten einige Bäume durch die Hitze der Wasserstoffbombe, die gerade in der Altstadt Jerusalems in den geheimen Tunneln unter dem Felsendom gezündet worden war. Der andere Countdown war bei Minute sechs angekommen. Die Bildschirme der großen Nachrichtensender sprangen plötzlich alle auf das Symbol von *People's Force*.

Der erste der drei Männer sprach laut zur Mannschaft: »Vor der Ansprache des Meisters möchte ich um Aufmerksamkeit bitten.«

Nun war auf allen Sendern Heinrich Storz alias Odin Thorson zu sehen. Der zweite Mann mischte sich ein: »Unverzügliche Ausführung!«

Der dritte Mann drückte auf ein paar Tasten des Geräts, das er in den Händen hielt. »Aktiviert.«

Der erste Mann setzte seine Ansprache fort: »Sie sind ausgesucht, um *People's Force* zu repräsentieren. Danke. Ich muss Ihnen aber leider mitteilen, dass wir das periphere Begleitprojekt *People's Force* hiermit beenden müssen. Bei Ihnen steht in wenigen Momenten eine molekulare Dematerialisierung an. Wer einen Drink bereithält, dem empfehle ich, daran noch einmal zu nippen, denn es wird gleich warm, etwa zweihundertfünfzig Millionen Grad Kelvin.«

In diesem Moment verschwammen die drei Männer und lösten sich blass in Nichts auf.

Die Mitarbeiter hörten ein metallisches Summen, das immer lauter und lauter wurde. Einige hielten sich sogar die Ohren zu. Plötzlich blitzte ein heißes Licht auf und einen Moment später war das gesamte Anwesen in der Nähe von Hansville nicht mehr da. Ein bestimmt zweihundertfünfzig mal zweihundertfünfzig Meter breites Loch mit auffallend flachem Gefälle zur Mitte des kreisrunden Kraters dampfte und zischte leise. Es gab keine Rauchsäule oder Brände. Eine kurze, aber extrem heiße Fusion hatte alle Moleküle voneinander gelöst. Der Krater glänzte, denn aus dem Quarz der anliegenden Granite, Gabbros und anderen Gesteinen hatte die Fusion ›vulkanisches Glas‹, das Obsidian, geschaffen.

Obwohl der Krater so friedlich aussah, war doch der Donnerschlag der Fusion noch hunderte Kilometer entfernt zu hören gewesen.

Die drei Männer saßen in futuristischen, hochlehnigen Stühlen in einer Art Büro. Das Licht wirkte, als würde es ohne Quelle existieren, und gab dem Betrachter ein neues, schattenfreies Lichtgefühl. Ein Hologramm einer Person im langen Gewand entstand vor den drei Männern und sagte: »Zeitwandler, Projektstatus.«

Einer der Männer im Kampfanzug begann: »Regulierender Eingriff in das Projekt erfolgt. Kontrollzentrum der parareligiösen Vereinigung *People's Force* eliminiert. Technologie des *Plasma-Core-Phasings* negiert und dem Projekt entzogen. Technologie des menschlichen Klonens negiert. Technologie des *Aspergillus ricinus* ebenfalls negiert. Letzter Schritt: Regulation von *Horizont Atlan-*

tis, vor Ort. Weiterbestand des Projekts ist gewährleistet. Durch Vernichtung von Teilen der Jerusalemer Altstadt wird das Projekt auf ein neues Niveau gehoben.«

Das Hologramm nahm den Faden auf: »Wie konnte es zu einer derart massiven Eingriffssituation kommen? Konnte es nicht deutlicher aus den Vorgängen in der Zukunft abgelesen werden? Jeder Eingriff in das Projektgefüge ist zu vermeiden.«

Einer der anderen Männer im Tarnanzug antwortete darauf: »Die Ausbruchherde waren überall auf dem Globus verstreut zu finden, wir mussten den Punkt des Beginns finden, der auf Sylt statt wie vermutet auf Seattle zeigte. Wir hatten unser Augenmerk auf *People's Force* gerichtet, doch es basierte auf *Horizont Atlantis*. Auch wenn wir Odin Thorson über die Jahrzehnte inhaltlich und ideell unterstützt haben, wurde nicht deutlich, dass er tatsächlich seinem eigenen religiösen Wahn erlegen war und sich dieser letztlich im Vordergrund seiner Handlungen befand.«

»Lediglich dadurch, dass wir im Zeitniveau zurückreisten und Tracey Mumtaz nach dem *Wave-Programming* re-schläfert haben, ist das Projekt nicht verloren gegangen. Der Arbeitsaufwand war sehr hoch, da wir so wenig Gefüge wie möglich ändern durften. Mumtaz sollte dabei aber unbewusst von *Horizont Atlantis* entkoppelt werden. Ein aufwendiges Verfahren, nur, weil Sie den einen vom anderen Ort nicht unterscheiden konnten. Das ist nicht akzeptabel.«

Das Hologramm wartete auf weitere Erklärungen. Einer der Männer durchbrach als Erster die Stille. »Es war unsere bisher größte technische und transitive Unterstützung im religiösen Gefüge der Welt. Ob Osiris, Abraham, Jesus, Mohammed oder Siddhartha, immer wurde so mikroinvasiv wie möglich gearbeitet. Das *Wave-Programming* der Gesalbten konnte verdeckt und allmählich stattfinden, sodass eine langjährige Infiltration stattfand.

Im Fall *Horizont Atlantis* trat erstmals seit Osiris die *Oseberg Gesellschaft* an einen Auserwählten oder Gesalbten heran und entwickelte ein wesentlich offensiveres Konzept als jemals zuvor. Es liegt nicht in unseren Aufgaben, das Vorgehen der *Oseberg Gesellschaft* zu hinterfragen, aber im Gegenzug bedingt es mehr regulierende und negierende Maßnahmen, um den Status des Projekts zu erhalten.«

»Unsere Welt braucht das Projekt, und die *Oseberg Gesellschaft* realisiert dieses mit allen Modernisierungen. Regulieren Sie *Horizont Atlantis* passgenau. Die Prophezeiungen sind zu gewährleisten.«

Damit verschwand das Hologramm wieder. Die drei Männer im Kampfanzug murmelten gemeinsam: »Die Prophezeiungen sind zu gewährleisten.«

SCHLÜSSELSITUATION

»Rufen Sie mal die Polizei an«, sagte Harms trocken zu Brunwald.

»Sehr witzig«, antwortete Brunwald am anderen Ende der Pritsche im Gewahrsamsraum. Harms setzte erneut an: »Nein, wirklich. Rufen Sie 110 an, Sie wollen doch hier wieder rauskommen und den größten Fall Ihres Lebens aufklären, oder? Die können Sie doch in der Leitstelle hervorragend mit einem Kollegen mit Schlüssel verbinden. Zack. Schon sind wir draußen.«

Brunwald holte wortlos sein Handy aus der Tasche und wählte.

»Zwei Beamte wurden überwältigt und werden in der Ausnüchterungszelle in Westerland gefangen gehalten. Kein Täter mehr vor Ort. Bitte befreit uns … Ich glaube, Hauke Petersen hat volle Schlüsselgewalt, und tut mir einen Gefallen, ortet folgendes Handy …«

Brunwald gab eine Nummer an. Harms reagierte: »Brunwald, Gewahrsamsraum heißt das, und wenn es die Nummer von Fritz Gehling war, dann haben wir ja gleich schon ein Ziel …«

DIE AUSERWÄHLTEN

Thorson hing mit den Armen irgendwo fest. Was war eigentlich los? Seine Augen waren mit Tränenflüssigkeit überspült. Sein Kopf schmerzte. Er fühlte sich mit seinen gespreizten Armen und dem Kopf auf der Brust wie ein Heiland am Kreuz, nur dass er kniete, das hatte er schon realisiert. Er versuchte, seinen Kopf zu heben. Sein Schädel fühlte sich so schwer an, dass es ihm vorkam, als würde er seinen Kopf nie mehr heben können. Thorson schaffte es, seinen Kopf aufzurichten, auch wenn dieser noch etwas wackelig auf seinem Hals zu sitzen schien. Er kniff seine Augen zusammen, dann begann er, sich auf seine Umgebung zu konzentrieren. Er konnte die hellen Lichtpunkte bald als unzählige Kerzen ausmachen. Nun waren seine Augen auch dazu bereit, in die etwas dunkleren Regionen des Zimmers, in dem er sich befand, vorzudringen. Er konnte zwei glatzköpfige Spinnenmänner mit freiem Oberkörper neben einer Flügeltür ausmachen, die genauso aussahen wie der Tote am Strand.

Endlich kam ihm der Gedanke, nach dem Grund seiner ungewollt ausgestreckten Arme zu forschen. Ein seitlicher Blick genügte, um zu wissen, wie es auf der gegenüberliegenden Seite aussehen würde. Trotzdem kontrollierte er seine These und wurde nicht enttäuscht. Er war mit seinen Armen mit dicken Lederschnüren an jeweils einen Spinnenmann gefesselt. Sie standen neben ihm, zur Tür blickend, ihre Aufgabe ausgesprochen ernst nehmend. In der einen Hand hielten sie einen fingerdicken Stab, in der anderen ihn; hoffnungslos gefesselt, an zwei lebende Alarmsysteme. Das Kuriose daran war, dass sie genauso aussahen wie Jürgen Thorson, nur ein paar Jahre jünger. Dies amüsierte ihn auf eine gewisse Art und Weise.

Der Raum war bis auf die vier kahlen, tätowierten Männer und die unzähligen Kerzen nicht bemerkenswert. Ein Bett, ein Fenster, das durch eine Jalousie verdunkelt war, die Flügeltür. Genau diese große Tür öffnete sich und herein kam Fritz Gehling, nur mit einem Schurz bekleidet, sowie Lederschnüren um den Oberkörper, in die Bernsteine eingearbeitet waren. Er stellte sich zwischen seine jüngeren Pendants und blickte selbstzufrieden zu Thorson. Dieser hatte schon fast das Gefühl, etwas sagen zu müssen, als durch die Tür ein älterer Mann, eingewickelt in etliche Bahnen Stoff, trat.

»Vater!«, rief Thorson aus, der sich gerade fühlte, als hätte ihm jemand einen Eimer Wasser ins Gesicht geschüttet und sich dann zusätzlich dazu entschieden hatte, mit einem Holzhammer auf seinen Kopf zu schlagen. »Du lebst?« Etwas anderes fiel Jürgen Thorson gerade nicht ein.

»Ja, mein Sohn, wer das Meer lesen kann, der geht nicht darin verloren«, sagte Odin Thorson ruhig. Jürgen versuchte, etwas klarer zu denken, dabei entschied sich sein Unterbewusstsein, dafür einen Befreiungsversuch zu starten. Einige Momente zog er wild an den Schnüren. Die Wachen bewegten sich nicht einmal ein Stück vom Fleck. Selbst Jürgen Thorsons Unterbewusstsein musste einsehen, dass Befreiungsversuche nichts nützen würden. »Wir haben schon auf dich gewartet. Ich, meine beiden weiteren Söhne und eure Mütter. Gleich werden wir die Zeremonie beginnen können.«

Das war scheinbar das Zeichen für die Wachen, ihn in den nächsten Raum zu ziehen. In dem großen Eingangsbereich fand er die nächste surreale Situation vor. Zu einer Seite war wiederum ein Mann an zwei Wachen gebunden, die ebenfalls aussahen wie die jüngere Ausgabe genau dieses Mannes, der mit zornigem Blick in der Mitte festgehalten wurde.

›Das muss neben Fritz Gehling der dritte Sohn sein‹, schlussfolgerte Jürgen Thorson.

Etwas weiter entfernt standen drei ältere Frauen. Eine schien unter Drogen zu stehen. Die beiden anderen schauten ihn milde an. Die eine Frau kannte er nicht, die andere war Anna, seine Mutter. Erst langsam fiel ihm wieder ein, dass ihn seine Mutter betäubt und ihn überhaupt erst in diese Lage gebracht hatte. Jürgen Thorson riss neuerlich an den Seilen, doch nur als eine Art Übersprunghandlung. »Mama, was hast du getan? Wieso hast du mich mein ganzes Leben lang angelogen? Hast du mich nicht geliebt?«, schrie Thorson mit tränenerstickter Stimme.

»Es fiel mir schwerer, als du denken magst, Jürgen, doch ich musste den heutigen Tag lange vorbereiten, ich musste alle Eventualitäten ausschließen«, gab Anna Thorson zur Antwort.

»Was musstest du vorbereiten?«, wollte Thorson wissen. Während Odin Thorson mit Fritz Gehling in den Raum kam, übernahm er direkt.

»Die Gründung der ersten Population im siebten Zyklus und die Reise nach Atlantis, die Seelenwanderung«, antwortete Odin Thorson ruhig. Thorson wurde panisch. »Was heißt das? Du willst dich, mich, deine anderen Söhne, unsere Mütter umbringen, weil du in eine höhere Ebene der Erkenntnis eintauchen willst? Ist es das, was du tun willst?«

»Nein. Wir werden uns alle in den Sturm nach Atlantis begeben. Die Seelen meiner Kinder und Frauen werde ich tragen, die Seelen der Auserlesenen und deren Früchte werden uns allmählich durch die Seelensteine erreichen, wenn wir erst in unserer neuen Welt materialisiert sind.«

Nun mischte sich der andere gefesselte Mann ein. »Ich bin Christoph Mumtaz und habe wohl diesem genialen Irren erst Tür und Tor geöffnet. Ich habe eine lange Zeit Seite an Seite mit ihm gearbeitet, ohne zu wissen, dass er mein Vater ist oder das Sektenoberhaupt von *Horizont Atlantis* oder der Kopf hinter *People's Force*. Dieser Mann löscht die Welt aus, nur um selbst für manische Ideen zu sterben.«

Jürgen Thorson verstand fast nichts von dem, was der Mann und zuvor sein Vater gesagt hatten. Er versuchte, zu kombinieren, und hörte Odin Thorson zu.

»Ich muss die Welt so untergehen lassen, wie Atlantis vor zwei Zyklen unterging, brutal und gnadenlos. Erst dann werde ich von Atlantis aus die Welten zusammenführen und nach meinen Vorstellungen formen. Wenn die Menschheit dezimiert ist, lässt sie sich leichter von mir leiten.«

»Scheiße!« Jürgen Thorson suchte nach einem roten Faden, geknotet aus seinen Informationen, seinem Wissen und den Sätzen, die er gerade gehört hatte. Aber es gelang ihm nicht. Er versuchte eine Hinhaltetaktik mit Worthülsen. »Vater, ich weiß zwar nicht, warum dir die Leute wie dem Rattenfänger von Hameln hinterherrennen, nur, dass sich hier der Rattenfänger mit in die Fluten stürzt, selbst seiner schönen Klänge erliegend. Meinetwegen könnt ihr los in eure schöne, neue Welt, ich bleibe dann gerne hier und winke euch zu, als ›Ungläubiger‹ oder wie ich dann heiße.«

Odin Thorson stieg nicht auf die lästernden Worte von Jürgen ein. »Es ist völlig unerheblich, mein lieber Sohn, ob du ›ungläubig‹ bist, wie du es nennst, oder voll froher Erwartung. Du bist seit deiner Geburt einer der drei Auserwählten und die gesamte *Familie der Wahrheit* hat alles getan, um dich an diesen Punkt der Geschichte zu bringen. Wir haben dich begleitet, all deine Lebensjahre. Selbst bei den letzten großen Entscheidungen von außen bist du immer davon ausgegangen, dass all dies zufällig passierte. Du bist zu analytisch und erkennst dabei die Logik nicht.«

Jürgen Thorson blieb bei den kleinen Dingen hängen, konnte nicht glauben, dass sein Leben geleitet worden war, ohne dass er es bemerkt hatte. »Der Tote am Strand war also ein Köder für mich, damit ich jetzt hier stehe. Und die Bernsteine am Strand hattest du ins Meer geworfen, damit deine Idee stimmig bleibt.«

Odin Thorson lächelte. Er hatte sich bereits zur Terrassentür gewandt, als Jürgen noch redete, und ging zwei Schritte auf sie zu. Christoph Mumtaz schaltete sich erklärend ein. »Jürgen, hör auf, dir darüber jetzt noch Gedanken zu machen. Es geht hier nicht um eine Kiste Bernsteine. Nehme nur so viel mit nach ›Atlantis‹ – oder wie du dein nasses Grab sonst nennen möchtest: Alles um dich herum war die *Familie der Wahrheit*. Alles!«

In dem Moment sprang die Tür aus ihrem Schloss und wehte auf. Eine kühle Sturmluft fegte in alle Ecken des Raums. »Das ist unser Zeichen«, flüsterte Odin Thorson ehrfurchtsvoll. »Es ist soweit! Gott hat uns Sturm geschickt. Sturm, der uns direkt nach Atlantis bringen wird. Heute Nacht beginnt ein neuer Zyklus, den wir schon in unserer neuen Heimat begrüßen werden. Als vor über neuntausend Sonnenkreisen Atlantis unterging, nachdem es vier Zyklen bestanden und als Weltenzentrum regiert hatte, wird der siebte große Zyklus uns ewige Macht und Unabhängigkeit bringen.«

Jürgen Thorson und Christoph Mumtaz wurden unsanft von den Wachen mitgeschleppt. Anna Thorson und Helga Zirzewangen hakten Mona Mumtaz unter. Die gesamte Gesellschaft bewegte sich aus dem Haus in Richtung Dünen und Meer.

DER WEG

Das Auto raste den Schotterweg entlang. Beide Insassen suchten nach der kleinen Querpiste, in dem das gesuchte Haus liegen sollte. »Was hatte der Typ gesagt? Seeblick oder Strandblick?« Brunwald ignorierte Harms' Frage und ersetzte sie durch eine ernstere: »Glauben Sie nicht, es wäre besser, wenn wir hier mit einem größeren Aufgebot auflaufen würden?«

»Ich habe doch schon vorhin gesagt, als wir auf den Mann mit dem Schlüssel im Gewahrsamsraum warteten: Für uns scheint alles ganz klar zu sein, aber wir haben absolut keine Beweise und ob der Brief nicht vielleicht eine Art ›Dummer-Jungen-Streich‹ ist. Darum machen wir uns erst einmal vorsichtig ein Bild und können ja dann noch immer direkt die Kavallerie einschalten.«

»Na ja, wir haben das geortete Handy von einem Mann, der einen Polizeibeamten und einen Rechtsmediziner gekidnappt hat.« Brunwald fühlte sich hin und her gerissen.

»Ganz ehrlich, Brunwald, wenn Sie Verstärkung haben wollten, hätten Sie die doch schon längst alarmiert. Sie suchen doch auch noch irgendwie eine halbwegs interne Lösung dieser schrägen Geschichte und glauben doch auch nicht, dass daran mehr als drei Prozent wahr sind, oder?« Harms klang fast sauer, weil er sehr angespannt war. Brunwald blieb nichts anderes übrig, als den Wagen zu stoppen: »Strandblick, hier ist es.«

DAS FINALE

Eine hohe Welle umspülte kalt Jürgen Thorsons Beine, bevor sie sich wieder vom Strand zurückzog. Mittlerweile hing er nicht mehr an seinen Klonen, sondern mit Handschellen an Helga Zirzewangen, die die letzte Person der Reihe bildete, und seiner Mutter Anna. Anna Thorson wiederum hing an Odin, der die Mittelposition einnahm. Zu seiner anderen Seite wurde er von Mona Mumtaz flankiert, die starr ins Meer blickte. Christoph Mumtaz wiederum hing an seiner Mutter und an Fritz Gehling. Selbst wenn Jürgen und Christoph als einzige aktive ›Ungläubige‹ versucht hätten, die Kette an Land zu halten, hätten die sechs Wachen, die bereitstanden, eingegriffen.

Eine der Wachen hob nun einen doppelfaustgroßen Bernstein mit beiden Armen in die Höhe. Odin Thorson begann seine letzte Predigt: »Hier ist das Zeichen, das uns vereinigen ließ, hier ist das Zeichen, das uns die Stärke gab. Hier ist das Zeichen, das Gott übersah, als er Atlantis zerstörte.«

Die Wache hob das scheinbar größte Heiligtum von *Horizont Atlantis* auf Gesichtshöhe und schritt die Kette der sieben Auserwählten ab. Fritz küsste den Stein und hielt danach sofort den Blick gesenkt. Christoph wendete den Blick ab. Mona, Odin und Anna küssten den Stein, wie Fritz. Nun war die Reihe an Thorson. Die Wache, die auch noch ein Klon von ihm selbst war, hielt den großen Bernstein vor sein Gesicht. Thorson konnte einen Einschluss darin erkennen. Sein Kopf schob sich ein Stück vor, es war eine siebenbeinige Spinne, die dort, eingefangen in einem riesigen Klumpen versteinerten Harzes, fast lebendig schien. Alle sieben Beine schien die Spinne zu rekeln. Er war verblüfft. Thorson sah an dem Stein vorbei. Sein Klon blickte ihn geduldig, aber ohne jegliche Lebenstiefe an. Jürgen hatte wirklich die freie Wahl, ob er das Heiligtum küssen wollte oder nicht.

Dann berührten seine Lippen das warm reflektierende Harz, fast so, als wäre es die einzige sinnvolle Möglichkeit.

Die siebenbeinige Spinne über seinem Kopf tragend, schritt die Wache sicher auf das Meer zu. Die Wellen schlugen schon nach ein paar Schritten an seine Brust. Auch die Kette der sieben Auserwählten setzte sich in Bewegung, angetrieben durch Odin Thorson und seine aktiven Jünger. Hinter ihnen folgten die weiteren fünf Wachen.

Das Meer war kalt und die Wellen kräftig. Hin und wieder wurde Jürgen Thorson bereits wie schwereloses Strandgut in den Wellen angehoben.

Odin Thorson rief laut, damit er in Sturm und Brandung zu hören war: »Übergebt euch eurer Bestimmung.«

Damit band die Wache, die den Bernstein trug, diesen mit dicken Lederbändern an die Brust von Odin Thorson. Die Wellen ließen die Menschenkette immer wieder leicht verdriften, doch der Bernstein war schnell festgebunden. Dann schwamm die Wache, wie alle weiteren, zurück zum Strand.

Jürgen Thorson merkte, wie nun die Jünger der Kette mit ganzer Kraft in Richtung Meer schwammen und ihn und Christoph Mumtaz mitzogen. Bald hatten sie die Brandungszone hinter sich gelassen und schwammen aneinandergebunden der offenen See oder ›Atlantis‹ entgegen.

Jürgen wollte wissen, was am Strand geschah. Im schummerigen Licht sah er, wie die sechs Wachen etwas tranken oder schluckten und kurz darauf leblos in sich zusammensackten. Er glaubte aber auch, drei Männer etwas abseits zu erkennen, die sich scheinbar regungslos das Spektakel ansahen. Und dann liefen vom Haus her zwei Personen zum Strand. Am Umriss und Laufen glaubte er Brunwald und Harms zu erkennen. Kam doch noch die Rettung in letzter Sekunde? In Jürgen Thorson keimte Hoffnung auf, er versuchte, wie wild zurückzurudern.

Mit einem Mal stoppten Odin Thorson und die Jünger ihre Schwimmbewegungen. Sachte zogen sie Jürgen Thorson mit in die Tiefe. Er hielt, so wie früher, als er ein Kind war, die Luft an, wartete darauf, dass die Welle über ihn hinweggerollt war, um dann laut einatmend aus den Fluten aufzutauchen.

Brunwald war völlig außer Atem. »Ach du heilige Scheiße. Was ist denn hier los?« Noch sah er nur sechs leblose Körper am Strand, nun schaute er auf das Meer. »Waren da vorne nicht gerade noch Köpfe, Harms?«, wollte er wissen. Doch Harms schaute ganz woanders hin. Brunwald sah zurück zu den Körpern am Strand. »Können Sie das auch sehen, Harms? Das sieht so aus, als ob Rauch oder Nebel von winzigen Fliegen aus deren Mündern käme und sich auf dem Sandstrand festsetzte.« Brunwald wollte dichter zu den Körpern gehen, doch Harms hatte scheinbar gefunden, was er suchte. Er hatte einen ernsten Ton in seiner Stimme, den Brunwald so noch nie gehört hatte. »Es geht um Ihr Leben und das der ganzen Menschheit. Laufen Sie so schnell Sie können und springen Sie, wenn ich es tue. Los! Jetzt!«

Harms war schon angetreten und bereits zwei Schritte vor ihm. Brunwald stürmte hinterher. Nach einigen Schritten erkannte er Menschen. Nach einigen weiteren Schritten konnte er sehen, dass es Männer in komischen Kampfanzügen waren. Harms lief mit voller Kraft direkt auf die Männer zu und machte keine Anstalten, vorher abzubremsen. Sie waren schon fast bei ihnen. Plötzlich begannen die Männer, leicht nebelig auszusehen und zu verblassen. Harms rief: »Spring! Und Augen zu!«

Das tat Brunwald. Er fühlte sich, als ob er Wasser in einer Badewanne wäre, das in den Abfluss gezogen wurde. Es zerriss ihn, ohne dass er wirklich zerrissen wurde, er war gleichzeitig überall und doch am Strand. Es wurde hell, gleißend, er schloss die Augen.

Bis auf die sechs Leichen, die bereits von einer weichen pelzigen Schicht überdeckt waren, war der Strand leer.

Jürgen Thorson sank immer tiefer. In der Ferne hörte er die Wellen schlagen. Seine Brust brannte. Sein Reflex zwang ihn dazu, einzuatmen. Warum war er noch bei Bewusstsein? Ein großer Schwall salziges Meerwasser ergoss sich in seine Lunge – er hustete lautlos, bis der Druckausgleich in der Lunge hergestellt war, bis er fast keine Luft mehr in der Lunge hatte.

Der Glaube ist rein, doch der Tod ist es nicht.

NACHWORT

In einer Rezension wurde freundlich von einer »spannenden Genremischung« gesprochen. Doch die Entwicklung von Krimi über Psychothriller hin zu Science-Fiction-Roman (oder besser: fantastische Literatur) mit starken dystopisch-endzeitlichen Elementen lässt viele Leser beeindruckt zurück. Der 3. Tag mit seiner Geschwindigkeit, den drei Männern im Kampfanzug, der Zerstörung und dem Tod von Protagonisten ist für manche Leser zu viel.

Dieser starke Eindruck ist von mir gewollt. Das Leben macht uns nur allzu oft ratlos und rastlos. Die Welt lässt uns oft im Ungewissen. Im Leben gibt es kein Happy End. Mit diesem Romanende können sich weder Autor noch Leser vor dem Leben wegducken: Es ist entweder faszinierend und wirft die Frage wie es weitergeht auf oder es hinterlässt einen schalen Geschmack mit der Frage: »Und jetzt … Warum?!«.

Dieser Wunsch zur Polarisierung ist der Grund, weshalb ich einen wesentlich umfassenderen Plot in mehrere Romane aufgeteilt habe. Dazu gehört die Vorgeschichte *Horizont Atlantis*, auf die der zweite Teil *Oseberg Gesellschaft* aufbaut.

Jetzt, im Juni 2017, sind bereits die ersten 60 Seiten von *Oseberg Gesellschaft* geschrieben. Mögen es keine weiteren Jahrzehnte werden, bis auch der zweite Teil mein gedankliches Universum verlässt und für jeden Interessierten lesbar und erlebbar wird.

Marco Boehm

»Gespickt mit gut recherchierten Fakten und gemischt mit eigens erdachten Verschwörungstheorien lässt Boehm den Leser in atemloser Spannung von Seite zu Seite hetzen.«
sh:z Schleswig-Holsteinischer Zeitungsverlag – Sabine Fleischmann

»Science-Fiction, Sektenwahn, Seattle-Sylt: Marco Boehm hat seinen ersten Roman veröffentlicht! Hier geht's um schöne Frauen, Verschwörungen und viele Explosionen – und das ist längst nicht alles ...«
NGD – Norddeutsche Gesellschaft für Diakonie – Jennifer Ots

»Schon die ersten Zeilen nehmen den Leser mit auf eine unglaubliche Reise.«
R.SH – Radio Schleswig-Holstein – Carsten Köthe